责任编辑：邓浩迪

封面设计：王欢欢

图书在版编目（CIP）数据

区块链赋能共同富裕和美好生活新路径／王宇航，王栋等 著．—

北京：人民出版社，2023.5

ISBN 978－7－01－025597－2

I.①区… Ⅱ.①王…②王… Ⅲ.①区块链技术－应用－共同富裕－

研究－中国 Ⅳ.① F124.7-39

中国国家版本馆 CIP 数据核字（2023）第 065556 号

区块链赋能共同富裕和美好生活新路径

QUKUAILIAN FUNENG GONGTONG FUYU HE MEIHAO SHENGHUO XINLUJING

王宇航 王 栋 等 著

人 民 出 版 社 出版发行

（100706 北京市东城区隆福寺街 99 号）

北京盛通印刷股份有限公司印刷 新华书店经销

2023 年 5 月第 1 版 2023 年 5 月北京第 1 次印刷

开本：880 毫米 × 1230 毫米 1/32 印张：9.875

字数：180 千字

ISBN 978－7－01－025597－2 定价：69.00 元

邮购地址 100706 北京市东城区隆福寺街 99 号

人民东方图书销售中心 电话（010）65250042 65289539

AN INSIDER'S VIEW OF

Microsoft
Secrets

THE ROCKET RIDE FROM

微软风云

见证软件帝国的成长、迷茫与创新

WORST TO FIRST AND LESSONS

［加］戴夫·贾沃斯基◎著

李文远◎译

LEARNED ON THE JOURNEY

ZHEJIANG UNIVERSITY PRESS

浙江大学出版社

图书在版编目（CIP）数据

微软风云：见证软件帝国的成长、迷茫与创新 / （加）戴夫·贾沃斯基著；李文远译 . —杭州：浙江大学出版社，2019.3

书名原文：Microsoft SECRETS: AN INSIDER'S VIEW OF THE ROCKET RIDE FROM WORST TO FIRST AND LESSONS LEARNED ON THE JOURNEY

ISBN 978-7-308-18753-4

Ⅰ.① 微… Ⅱ.① 戴… ②李… Ⅲ.① 电子计算机工业－工业企业管理－经验－美国 Ⅳ.①F471.266

中国版本图书馆 CIP 数据核字 (2018) 第 280532 号

微软风云：见证软件帝国的成长、迷茫与创新

（加）戴夫·贾沃斯基 著 李文远 译

策　　划	杭州蓝狮子文化创意股份有限公司	
责任编辑	黄兆宁	
责任校对	虞雪芬	
封面设计	水玉银文化	
出版发行	浙江大学出版社	
	（杭州市天目山路 148 号　邮政编码 310007）	
	（网址：http://www.zjupress.com）	
排　　版	杭州中大图文设计有限公司	
印　　刷	浙江新华数码印务有限公司	
开　　本	880mm×1230mm　1/32	
印　　张	8.625	
字　　数	144 千	
版 印 次	2019 年 3 月第 1 版　2019 年 3 月第 1 次印刷	
书　　号	ISBN 978-7-308-18753-4	
定　　价	58.00 元	

创造未来

我们要不断研发更多强大的应用软件，以证明我们"让每家每户的桌面上都有一台个人电脑"的目标是正确的。这才是目前最重要的事情。

——比尔·盖茨（Bill Gates），《个人电脑》（*Personal Computer*）杂志

越来越多的年轻人接触到电脑，这将会改变电脑行业的思维方式。

——比尔·盖茨，《编程大师访谈录》（*Programmers at Work*）

电脑这个行业可不简单。

——亚当·奥斯本（Adam Osborne），《个人电脑世界》（*PC World*）杂志

在笔记本电脑上实现台式电脑的功能是件非常有挑战性的事情，苹果公司应尽快推出台式苹果电脑，越早越好。

——比尔·盖茨，《苹果世界》（*Macworld*）杂志

我是授权管理模式的坚定拥护者。想要经营一家成长中的企业，就必须建立强大的管理团队。我希望有一群人为我工作，而且他们都很珍惜这份工作。

——乔恩·谢利（Jon Shirley）（任职微软总裁期间如是说）

随着电脑更深入地融入社会，且越来越多人可以接触到电脑，它们将变得越来越有趣。

——内尔·夏皮罗（Neil Shapiro），《苹果用户》（*MacUser*）杂志

如果把买车与买电脑画上等号，你可以试想一下这两者的区别。汽车只能将你的身体带到别处，而电脑却是你心灵的战车，

它带领你的思想穿越整个宇宙。对你来说，思想值多少钱？

——泰德·尼尔森（Ted Nelson），《电脑解放》（*Computer Lib*）杂志

从 1981 年开始，如果汽车工业的发展速度能与光学存储技术比肩，那么我们的汽车从 0 加速到 60 英里时速只需 1 秒钟时间；我们驾驶一辆车时，只需要耗费 250 毫升的汽油就可环游地球，且汽车价格只有 6 年前的一半左右。

——敏·S. 意（Min S. Yee），Optika 1978 年大会

前沿技术通常也被称为"流血的技术"，这是有道理的。在某项新技术稳定下来之前，用户通常会遭受打击，甚至被弄得"头破血流"。

——罗伯特·R. 威金斯（Robert R. Wiggins），《苹果用户》杂志

改变世界的 10 年

无论对于科技发展史还是人类发展史来说，1985 年至 1995 年注定是一个重要的时期。在这 10 年里，科技高速发展，让今天的我们得以享受它所带来的成果。如今，在北美洲乃至全球各地，科技已经渗透到我们生活的每一个领域。但在 1985 年，肯定不是这样一副情形。

我们先回顾一下 1985 年至 1995 年科技发展史上的一些重要节点：

●微软从敬陪末座到独占鳌头。1985 年，微软在每一种软件应用品类中的排名都是倒数第一，只有在微软磁盘操作系统，即 MS-DOS 方面排名第一，而 DOS 是 IBM 个人电脑和其他兼容设备所采用的操作系统。DOS 为当时的微软提供了发展动力，直到其他应用软件真正开始产生效益。到了 1995 年，微软终于在所有主要软件品类中跃居榜首。

● 英特尔和微软推动硬件行业以令人眩晕的速度向前发展，将"摩尔定律"（Moore's Law）变成现实。英特尔公司的戈登·摩尔（Gordon Moore）曾经说过，微型计算机芯片的性能每 18 个月就会完成一次全面升级。

● 苹果公司差点被科技行业淘汰，所幸逃过一劫，而它的很多前辈就没那么幸运了。微软在两大方面为苹果提供了帮助。首先，微软推出了 Excel 软件，使苹果电脑被广泛应用于各个行业；其次，在苹果急需资金的时候，微软向其投资了 1.5 亿美元。

● 微软从一家营收只有 5000 多万美元的私营企业变成了市值高达数十亿美元的上市公司。如今，微软和苹果的估值已经超过许多国家的经济总量。

● 微软成功驳回了苹果公司金额达 55 亿美元的诉讼，为如今的开源软件行业开辟了道路。

● 微软办公软件（Microsoft Office）问世。

● 微软的愿景"让每个家庭书桌上的微型电脑都

运行微软的软件"已经从异想天开变得触手可及。

这 10 年中发生了如此多的重大事件，它们至今仍在影响着我们的生活，并将持续影响着我们的后代。

你可能会想：为什么在上述历史事件中都是微软唱主角？难道当时就没有其他企业或创新者了吗？当然有了。但在那 10 年时间里，微软是最努力、建设得最快的公司。而在它的巅峰时期，我恰好就在微软工作。我做了详细的笔记，并且拍下了很多照片。我记录下了我们承担过的风险、共同的梦想、学到的经验教训、已经实现的愿望和犯过的错误。我们当时所面临的许多问题与当今商界领袖所面临的问题是相似的，我们都可以从微软的经历中吸取教训。微软采用的方法是正确的吗？如果换成是你，你会怎么做？类似方法是否适用于今天发生的事情？我们既可以从历史中汲取教训，也可能会重复以前的错误。但是，在向微软学习历史经验之前，我们需要清楚无误地了解这段历史。这正是我写这本书的原因之一。

关于史蒂夫·乔布斯（Steve Jobs）和苹果公司的文章以及书籍浩如烟海，其中很多内容都是人们在史蒂夫生前写的，而大量电影和纪录片记录了他的生平和对苹果公司的领导经历。相比之下，与比尔·盖茨和微软相关的作品就没有那么多，尤其是写我供职微软期间这段历史的作品更少。沃尔特·艾萨克森（Walter Isaacson）的著作《创新者：黑客、天才和极客们如何创造了数字革命》（*The Innovators: How a Group of Hackers, Geniuses, and Geeks Created the Digital Revolution*）所讲述的比尔·盖茨的故事大多数发生在我进入微软之前，而艾萨克森笔下的比尔与我所认识的比尔大相径庭。微软的故事需要由一个内部人士来讲述，这也是我写这本书的初衷。

我尽可能准确和细致地讲述事实。你会看到一些振奋人心或令人气恼的故事，而有些故事无论对我还是对微软都不那么令人开心，但我觉得有必要将它们分享给读者，因为我们可以从这些故事当中提炼出深刻的观点和重要的原则，我坚信其对现在和今后的微软在做决策时将发挥至关重要的作用。无论人生之路还是职业生涯之路，我们都需要"路标"。通过回顾微软在科技领域的飞速成长历程，我们可以找到很多照亮我们前进方向的"路标"。

在我分享的故事中，有几个故事是我的家人、朋友和其他老同事所熟悉的。但与此同时，你道听途说的很多"事实"是完全子虚乌有的。我希望通过本书纠正一些所谓的"历史事实"。

我一直不太想写这本书。我认为，这种做法可能会徒劳无益。如果这本书只讲述我自己的故事，或者是为我本人而写的，那肯定不会激发我的任何创作欲。我热衷于帮助个人和组织成长，并充分发挥他们的潜力，如果我写的书不能达到这个效果，我就不会产生创作冲动。

然而我发现，每当我与别人分享一些关于微软的故事时，总会收获一些深刻的见解，而听众也对这些故事表现出极大的兴趣，很多关于领导力和商业原则的有趣探讨都是从讲述这些故事开始的。显然，这些问题和相关探讨与今天的商业和个人生活息息相关。因为有了类似经历，亲朋好友一直力劝我把微软的故事写成书。有那么一个月，很多人都问我为什么不写本书，所以我认为是时候把一些微软往事的来龙去脉写下来并分享给大家了。

在后续章节中，你会发现我们在微软所做的每一项决策都没有明显的对错之分。我相信你会设身处地地问自己：假如换作是我和我的公司，哪些事情是应该做的，哪些事情又是不该做的？两者的界线在哪里？是否有交汇的时候，又或者永远不会交汇？

我还会告诉你一些只有我家人才知道的微软秘事。即使在微软员工规模扩大到 1.4 万人时，公司里也只有少数几个人知道这些秘密。它们就像可口可乐的秘方或者山德士上校^①（Colonel Sanders）的鸡肉配方，从本质上改变了科技行业的竞争格局，并改写了当时的商业规则。了解了这些秘密及其背后想法之后，

---

① 肯德基创始人。——译者注

你和你的企业便拥有了战略眼光和优势。此外，它们还可以帮助你炮制属于自己的秘方，加速超越你的竞争对手，跨越通往成功路上的障碍。

新一代的微软员工已经继承了微软的文化遗产，我希望他们能够从这些第一手资料中了解微软的发展历程，从中汲取教训，并使微软再次成为一家伟大的企业。如果你是苹果、谷歌、亚马逊或其他高科技企业的粉丝，上面那句话可能不太中听，但我坚信竞争对每个人都是好事，对消费者如此，对整个科技行业，甚至全世界也是如此。竞争将创造力和创新推向新的高度。正所谓"水涨船高"，我认为竞争就起到这种作用。曾几何时，微软成为高科技行业的主宰者，其他所有科技公司似乎都缺乏活力，这对微软或其他公司都没有好处。竞争不仅促使我们更快地解决实际问题，也促使我们寻求差异化，并在此过程中取得突破性成果。

显然，我所讲述的故事中不会出现微软联合创始人保罗·艾伦（Paul Allen）的身影。我只见过保罗几次，彼此间只是点头之交。1982 年，保罗患了重病，不再参与微软公司的日常管理，而我在好几年以后才加入公司。他一直都是公司董事会成员，直到 2000 年辞去董事职务。由于不太了解保罗，所以在记录微软历史的过程中，我没有把保罗写在里面。

至少在我看来，从某些方面来说，微软的故事犹如史诗般壮阔，其精彩程度不亚于托尔金（Tolkein）的《指环王》（*Lord of Rings*）。这是一个关于领导力、冒险、奇遇的故事，而且充满争议。微软经历了与苹果、谷歌、美国政府和其他公司的一系列斗争，跌下神坛，最终又王者归来，成为新的霸主。我倒是很想看看彼得·杰克逊（Peter Jackson）导演是如何演绎微软这部史诗的，我那热爱电影的妻子苏珊（Susan）也有同样的期盼。

在阅读过程中，你要对我所说的话自行做出判断。我还希望你能够做好读书笔记，跟其他读者接触，并在社交媒体上与我交流（我的账号是 @DaveJaworski，Twitter），对我在书中提出的观点进行讨论和辩论。我希望《微软风云：见证软件帝国的成长、迷茫与创新》能发挥它应有的作用，帮助我们创建更优秀的公司和更美好的生活，推动我们下一段人生或职业旅程快速发展。

还有，在这本书里，你会看到有一部分内容叫作"学以致用"。我相信，我在微软这段旅程中学到的经验可以帮助你拥有更好的个人生活或职业生涯，又或者两者兼而有之，所以我希望你把这部分内容视为经验转化为实践的有益尝试。

现在，让我们一起重走这段改变了我们人生的狂飙之旅。我将这段穿越历史的旅程呈现在读者面前，使其成为今人借鉴的经验。这也是我个人的一段成长历程，它融入了我的信念、对科技的热爱以及帮助人们实现目标的热情。

第三部分　**着眼未来**

MICROSOFT

MICROSOFT

第一部分

我的成长历程

为什么我选择了微软而不是苹果？因为当时的我坚信软件才能驱动硬件的发展，而直到今天，我仍然坚信这一点。

SECRETS

SECRETS

第 1 章
从海洋学专业到计算机科学专业

我最爱的是上帝，其次是音乐，第三个爱好则是潜水。雅克·库斯托（Jacques Cousteau）是著名的水下探险家和创新者，他的故事从童年时期就鼓舞着我。我特别想与海洋动物，尤其是鲸鱼接触，所以我决定将来从事海洋学的工作。

游泳课教会了我如何帮助溺水的人、如何在水下长时间正确地呼吸，以及许多我起初认为只适用于我自己的"水中求生技能"。在人生旅途中，我们既可以从各个方面汲取教训，也可以从前人那里借鉴经验。从雅克的冒险经历以及我个人的"潜水"经验中，我学会了如何应对意想不到的，甚至危及生命的情况；还学会了如何在周边情况不确定和快速变化的时候控制情绪并做出决定，如何探索未知水域，以及如何在尝试失败后继续坚持下去。事实证明，这些经验后来非常有用，而当时的我并不知道这一点。

圣保罗高中（St. Paul's High School）是一所耶稣会学校，位于加拿大曼尼托巴省（Manitoba）温尼伯市（Winnipeg）。我在圣保罗高中接受了正规教育，这为我今后的个人生活和职业生涯打下了坚实基础。在那些年里我所接受的教育和结交的朋友对我产生了重要影响，而且这种影响力延续至今。在圣保罗高中读书期间，美国实现了两次令我印象深刻的技术突破，其中之一便是电子计算器技术。经过预先编程之后，这种手持设备可以做很多除了简单加减乘除以外的计算。电脑则是第二种突破性技术。在学校时，在数学奇才莱斯利·马洛斯法维（Leslie Marosfalvy）教授的带领下，一小部分学生开始使用这项新技术。进入电脑机房是需要被特别许可的。机房平时大门紧闭，而且有门卫守着，这给里面的机器平添了一份神秘感。这些机器居然能够模仿人类大脑的运行过程，这着实让我感到惊叹。我没有选修电脑程序设计课程，因为我错误地认为只有数学天才才会使用电脑。然而，电脑已经在我心中种下了种子，从圣保罗高中毕业后，这颗种子几乎马上就发芽了。

尽管如此，大海依旧召唤着我这个来自大草原的男孩。为了获得海洋学学位，我首先要读理科，这是我的下一步计划。后来，我考上了曼尼托巴大学（University of Manitoba）。入学第一天，新生就要选择选修课。由于圣保罗高中的电脑已经彻底勾起了我的兴趣，所以我在"计算机科学"那一栏打了勾。虽然电脑本身给我留下了深刻印象，但最让我大开眼界的还是计算机专业研究生们所做的事情。他们所有的研究项目都致力于帮助那些终生残疾或暂时丧失行动能力的人。这种新技术非常了不起，它将改善人们的生活质量，在某些情况下效果尤其明显。我被它深深地吸引和打动了，那种兴奋感至今未减。

那时候，我仍然相信自己注定要成为下一个雅克·库斯托，于是坚定地走在获取理科学位的道路上。我还完成了游泳训练课程，并加入了一个培训项目，准备考取潜水设备使用证书。也许当时的我是这样想的：雅克·库斯托还在海里等着我呢。

职业生涯计划迈出最初的几步之后，便发生了意想不到的转变。在一次使用水下呼吸器潜水时，我患了轻微的伤风。随着下潜深度越来越大，水压也随之升高，我的鼻子呼吸不畅，无法缓解水压。压力一直在我的脑袋里积聚，让我感觉头要爆炸似的。潜水造成的头痛与我以前经历过的头痛不同。后来，这种情况在我潜水过程中反复出现，我开始意识到这是由于我鼻腔过窄造成的。身体条件及其造成的后果使我不得不与梦想分道扬镳，我无法成为下一个雅克·库斯托了，我可不愿意一辈子活在极端痛苦当中。我也不想找一份与海洋学相关的文职工作，要么去深海潜水，要么彻底与这个梦想说再见。

于是，我去了一趟大学的行政办公室。虽然我曾经宣称自己非海洋学专业不读，但现在是时候改专业了。最终我选择计算机科学专业，学习一门可以改善人们生活的技术，这成了我的新使命。

然而，当时的计算机科学专业学习的是如何使用穿孔卡片。你没听错，我们没有电脑终端设备，只有一堆打了孔的卡片，每张卡片代表一行代码。首先，你要把那些卡片放入读卡器，读卡器会将指令传送给学校的安达尔大型主机（Amdahl Mainframe）；然后，主机将计算结果传送到打印机，你只要走到打印机那里拿结果就可以了。你的程序写对了吗？主机输出结果是你想要的吗？读卡器里的卡片是否被折弯了？如果程序编写错误或者有一两张卡片受损，你就得重新排队，等其他人使用完读卡器之后再把上述流程重复一遍。

我的毕业证书上写着我获得理科学士学位，专业是计算机科学。仅仅一年后，类似文凭的名称都改成了"计算机科学学士"（Bachelor of Computer Science）；此外，我的学弟学妹们都能使用终端设备直接与大型机进行交互，他们再也不必使用卡片了。没过多久，学生们可以通过网络即时接收编程结果。我的运气简直太差了，仅仅因为早毕业一年，我就错过这一切先进的技术。尽管如此，在曼尼托巴大学学习计算机科学的过程中，还是有两件事让我收获很大，那就是"逻辑 101"课程和遇到优秀的老师。

计算机的工作原理就是把问题拆分成小步骤，然后通过逻辑运算加以处理。我从"逻辑 101"课程学到：逻辑流是核心，而编程语言是语义层面的技能。换句话说，逻辑决定了你的思维方式，它在所有的编程语言中都具有实质性意义。编程语言本身并不重要；对于某些类型的问题解决方式来说，有些语言效率更高。有些语言还提供数据结构，能够帮助程序员更容易地移动数据。无论我们用 Fortran 语言、BASIC 语言、APL 语言、COBOL 语言、PL1 语言还是其他任何语言编码，人的思维品质都是最重要的，而思维品质就体现在人们所运用的逻辑上面，某种特定语言只是决定了语义、"语法"或语句结构。只要语法层面是正确的，内在逻辑就能决定你的程序产生的预期结果。为了充分表达自己的思想，你要与正确的"词汇"和"语法"进行交流。逻辑正确与否将决定你是否能达到自己的目标。

有些人对编程语言极为虔诚。尽管每一种计算机语言都有不同的优缺点，但我相信，编程者所采用的内在逻辑是优秀程序与普通程序或蹩脚程序之间最大的区别。从这个意义上说，使用哪种编程语言并不是最重要的。计算机是一种精确的机器，这要求编程语言在语法层面是正确无误的。此外，编写代码的方式也有高效和低效之分。然而归根结底，编程的成与败取决于程序的内在逻辑状况。这个道理也同样适用于商业。逻辑、逻辑流或逻辑过程比语义更重要。当问题和机遇取决于企业所采用的逻辑方法时，人们就会给语义抹上宗教和政治色彩。

优秀的导师也很重要，非常非常重要！无论读小学还是中学，我都遇到了很多优秀的老师，这是我的幸运。然而，没有谁能够像我的大学计算机教授洛恩·麦克米伦（Lorne McMillan）那样撼动我的世界。洛恩采用一种极具个性化的教学方式和交流方式，能够将难题化繁为简，让人有豁然开朗之感。我心中立下誓言：如果将来我也教书育人的话，一定要以洛恩为榜样。我一直很欣赏那些拥有高超教学技能的人。在微软，我还认识到持续投入培训和发展的重要性。在后面的篇幅中，我将更深入地探讨这个问题。

我对自己所喜欢事物的优先等级做了更改，现在是上帝第一，音乐第二，科技第三。在接下来的三年里，我把音乐变成了职业生涯的最高目标，并把计算机科学放在了后备位置。学习如何利用技术来改善人们的生活，这已经变成我学术研究的推动力。不过，在完成学业的同时，我还利用夜晚和周末的空闲时间创作和录制歌曲，希望在音乐领域找到一条职业发展道路。

　　我在一个热爱音乐的家庭长大。我母亲是教手风琴的，手风琴拉得很好；我父亲会弹钢琴和吉他。他们教我很多有关音乐的知识，不是某个流派的知识，而是所有音乐流派。他们既能弹奏查利·普赖德（Charlie Pride）的乡村音乐，也能演奏艾丽丝·库珀（Alice Cooper）的摇滚乐。他们带我们兄弟几个一起去看埃尔维斯·普雷斯利（Elvis Presley）、小萨米·戴维斯（Sammy Davis Jr.）和麦克·戴维斯（Mac Davis）等明星的演唱会。我的心中对于杰出音乐作品的敬意油然而生，无论它们属于何种流派，我都非常喜欢。

　　弹吉他和创作音乐已经融入了我的灵魂。从 11 岁开始，乳臭未干的我便加入了一个教堂民歌乐团，在乐团中担任木吉他手，并且在教堂里演奏了 30 多年。后来，乐团变成了一个摇滚乐队，然后再变成一个赞美和崇拜上帝的团体。我只知道赞美上帝的音乐是为了让教堂里的人们放松下来，对上帝畅所欲言。正是在教堂里，我能够把我最钟爱的人和事，即上帝和音乐结合在一起。在教堂里演奏音乐不是一种表演，相反，这是一种精神层面的体验，我能够清楚地感受到这一点。每当我和乐团的兄弟朋友们在教堂以外的环境演奏音乐时，这种感觉同样明显。

我们的乐队合照。从左到右分别是戈登·马斯（Gordon Marce）、韦恩·贾沃斯基（Wayne Jaworski）、约翰·迪根（John Deegan）、菲尔·保卢奇（Phil Paolucci）和我本人

大学里的音乐课程似乎都是讲理论的。在我看来，对有志于音乐创作的人来说，他们完全没有必要选修大学的音乐课。然而，我的父母一直强调大学教育的重要性。所以，尽管计算机科学是我的专业，但我继潜水梦破灭之后的职业规划是音乐创作，后备计划则是获得计算机科学学位。后来我

虽然做出了改变，把计算机科学变成了职业生涯目标，但还是想方设法将自己对音乐的热爱保留了下来。曼尼托巴大学调频广播电台（CJUM-FM）提供了四个带薪职位，我得到了其中一个；我还加入了一个商业电台，这样我就为两家调频电台工作了。此外，我还在阿马代尔通信公司（Armadale Communications）找了份兼职。在调幅广播方面，我是温尼伯 CKRC 电台的乡村音乐节目主持人，同时也为该公司的成人简易收听电台 CKWG 调频工作。我终于实现了自己的初衷，成为一名真正的音乐主持人。

在 CKRC 和 CKWG 电台，我既认识了一些了不起的人物，也遇到了一些失意之人，其中一位失意者便是我的电台主持人同事。他跟我说，他在职业生涯中已经换了 7 座城市、15 份工作。他谈到，电台原总经理离职后，新的总经理将引进"他们的自己人"，这意味着电台现有的主持人将失去他们的工作。所以，我认识的这位同事只能从头再来，到另一个城市寻找下一个最佳工作机会。后来，他终于在商业电台取得了成功，获得了一个较理想的广播时段。虽然他成功了，但由于不断迁徙，他经历了好几段失败的婚姻，经常郁郁寡欢。

本人音乐节目主持人的打扮

　　某个周六的下午，上级要求我做一次"远程广播"。远程广播就是我要去到一个地方，让电台的现场播音员在节目中跟我连线，而我的工作就是播放广告或报道活动。那次我要报道的是温尼伯母狮俱乐部（Lioness Club）的一个筹款活动。他们要举办一个持续 24 个小时的保龄球大赛。一位名叫苏珊（Susan）的年轻女士负责向我介绍该活动的情况，这样我就可以在广播里有的放矢地评论这场活动。她说完以后，我才发现自己几乎什么也没听进去，因为我完全被她迷住了。我问她有没有男朋友。她回答说："有，对不起。"听到了"对不起"这几个字，我仿佛看到一道光从门缝透进来。当时她正在跟男友闹分手，想结束这段关系之后再开始另一场恋爱。我渴望能成为她的下一任男朋友。

那天标志着我们共同生活的开始。经过几个月的约会，在订婚之后，我们结婚了。从那时候到现在，我们一起度过了 34 年婚姻生活。所有这一切都始于 36 年前，始于我在当地一场募捐活动上为电台做远程直播。

我在电台的朋友有些生活上过得不如意，有些梦想破灭，有些则婚姻破裂；而我与苏珊的恋爱关系确定后，为了给将来的生活创造更好的条件，再加上我对科技的兴趣与日俱增，希望借助科技改善人们的生活，我决定改变主业和副业的方向。计算机科学成了我的职业首选，音乐则变成了我的业余爱好。

1982 年 7 月，我和苏珊结婚了。度蜜月的时候，我们买了一台苹果 II Plus 电脑。没错，我们就是这么另类。对我们来说，玩电脑和学习电脑的乐趣不亚于去迪士尼乐园度蜜月。直到如今，计算机和迪士尼仍然是我们的忠实伴侣。

和新婚妻子苏珊的合照

第 2 章
与电脑的初次亲密接触

大学毕业后，我进入了泛西人寿保险公司（Great-West Life Assurance Company）工作，主要职责是为该公司的大型计算机编程。刚开始上班的时候，我甚至还没拿到学位证书。

坐在一个小隔间里，整天面对着电脑屏幕，这种码农生活很容易让人变老。只有与人打交道，我才感到精力充沛。尽管如此，小隔间把我的那一点精力也消耗完了。所以，我把主要精力从自己写代码转向教人们如何为大型主机写代码。微型计算机能够提供即时反馈，被视为"个人化"的电脑设备，尤其是苹果 II 系列、IBM 个人电脑和苹果第一台具备图形用户界面的电脑"丽莎"（Lisa）。当时，泛西人寿已经开始采用这些微型电脑。一想到这些机器能让我们的生活变得更美好，我顿时心动了。我早于其他人感受到了电脑的巨大潜力。

随着时间的推移，我办公桌上的所有纸质文件都被一台苹果 II 电脑取代，我的笔记本也变成了 Visidex。每当有人走过来问我问题时，我只要敲几下键盘，几乎就可以找到任何笔记内容。

随着泛西人寿引进越来越多的微型电脑，公司需要有人来教员工们如何使用这些设备。公司领导考虑到我曾经演示过电脑的用途，便任命我为培训师。

Citation 软件公司

在泛西人寿工作了 3 年之后，我决定将全部精力投入新兴的微型计算机领域。于是，我跳槽到了 Citation 软件公司。这家公司当时是加拿大最大的微型计算机软件和硬件外设批发商，旗下拥有 1800 多款产品和 90 多个产品系列。我加入了公司的技术支持团队，为加拿大各地的经销商和终端用户提供技术支持。后来，团队经理离职，我被提拔为经理。

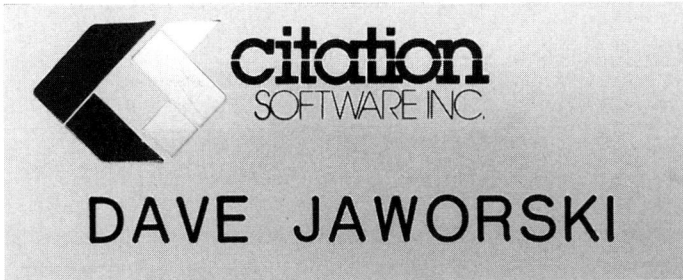

Citation 软件公司名牌 / 戴夫·贾沃斯基

　　有很多公司的产品需要我们提供技术支持。我很快就意识到，绝大多数人遇到的问题都是一样的。于是我找来一台没人用过的、美国数据设备公司（DEC）生产的"彩虹"系列（Rainbow）电脑，并在里面安装了 dBase Ⅱ 数据库程序，然后把用户反映的问题以及解决方案一步步地记录下来。每当有人打电话过来咨询问题时，我们首先在数据库中搜索关键字，看看之前有没有记录过类似问题；如果有，而且我们也记录过问题的解决方案，我们就会问客户是否有传真机。在电子邮件问世之前，几乎每个人都拥有或者能接触到传真机。我们会把操作指南发给客户，并告诉他们：如果他们需要更多帮助，可以打电话给我们。然后，我们就接下一个求助电话。有了 dBase Ⅱ 数据库之后，我们只需两个人就可以解决 10 个技术人员才能解决的问题。利用技术来提升业务流程效率并实现自动化处理业务问题，是我在职业生涯中反复运用的一个重要经验。

系统能够发挥杠杆作用。如果你没有在企业中创建系统，那就错过了大好机会，无法以更有效的方式使用资源，也无法提升竞争优势以及应对环境变化的能力。

Citation 软件公司的高管开始做出一些对企业不利的决策，因为他们认为客户的要求总是正确的。在他们看来，只要有一个客户提出需求，他们也要采购相关产品来满足客户需求，并且给予客户 100% 的退货政策，即使是类似于绘图软件这种昂贵的产品也在所不惜，而客户经常利用这一政策为自己谋利。虽然公司制定这些政策的本意是给客户提供优质服务，但结果却是扼杀了公司的发展前景。我在 Citation 公司又学到一个教训，即有些事情是有利于客户的，但它未必有利于企业的健康发展。

后来发生的事情证明，我职业生涯的第三步极为重要。那时候，我已经知道微型计算机会改变我们的生活，所以我需要选择一个我认为能够领导这场变革的老板。

学以致用

👆 你是否借助过先进技术为自己的企业营造战略优势？又或者借助科技改善了个人生活？如果没有，原因是什么？

👆 你为客户做过哪些事情，导致企业陷入风险的境地？你能够消除这些行为或做出相应调整，以达到双赢目的吗？

第 3 章
苹果还是微软？

　　"我在《环球邮报》（*The Globe and Mail*）上看到了你的简历！"什么？！这就好比告诉美国人，你在《华尔街日报》（*The Wall Street Journal*）上看到了他们的简历，因为在加拿大，《环球邮报》的地位堪比《华尔街日报》。我在 Citation 软件公司的一位同事兼朋友亨利·全（Henry Quan）跳槽到了另一家科技公司，并在那里担任营销主管，打电话给我的正是他。"亨利，你说什么呢？"我问他。

　　那天还有两个人给我打了电话，其中一个人说的话跟亨利几乎如出一辙；另一个人则说，他看到了一份招聘广告，看上去很符合我的简历。亨利的回答几乎也跟另一个人一模一样："戴夫，这份工作简直是为你量身打造的。"

毕马威会计事务所（KPMG）正在为微软寻找人才，他们详细地向我描述了工作职位，还说我要自行承担从温尼伯飞往多伦多（Toronto）面试的费用。我让他们先审阅我的简历，看看是否需要我自行承担费用，抑或是由他们来报销差旅费。微软决定承担这笔费用，因为他们不断从其他候选人那里听到我的事迹，这些事迹起到了决定性作用。微软面试官要求候选人说出一些优秀技术支持人员的名字，好几个人都说"戴夫·贾沃斯基"。这些候选人都没有意识到我也是这个职位的候选人之一，他们的夸奖无异于为我做了"嫁衣"。面试官一听说我申请了这份工作，就决定给我报销来回费用。1985 年 1 月 30 日，我乘飞机前往多伦多，微软的面试安排在次日上午 10 点。从那一刻起，我和家人的人生方向都发生了很大变化。亨利说得没错，我的工作经历几乎完美匹配这个职位，但有一点：这不是我想要的工作。

来自微软和苹果的工作邀请

从我和苏珊度蜜月时买了一台苹果 Ⅱ Plus 电脑起，我就对苹果的产品着迷。在泛西人寿保险公司工作时，我又使用过同型号的苹果 Ⅱ 电脑，然后又换成了苹果的"丽莎"电脑，从此我对苹果的热爱变得一发不可收。苹果当时只生产高性能的个人电脑。亨利给我打电话的时候，我已经向苹果发出了求职信，申请一份位于加州奥兰治县（Orange County）苹果总部的培训师工作。就在微软打电话让我去多伦多面试那会儿，苹果也正好向我发出了工作邀请。

微软的鲍勃·奥瑞尔（Bob Auriol）和里奇·麦金塔（Rich Macintosh）是我的面试官。鲍勃是微软初创时的 11 名员工之一，微软公司的首张全家福照片里就有他的身影。鲍勃是那种你经常会遇到的最友善、最聪明的人；而且在我认识的人当中，鲍勃也是性格最谦逊的。他是一名真正的火箭科学家。在加入微软之前，他曾在美国宇航局工作过。正是由于他的卓越工作成果，早期宇航员的生命安全才有了保障。

微软初创时的 11 名员工。比尔·盖茨（第一排左一）身后男
子就是鲍勃·奥瑞尔

里奇·麦金塔当时刚加入微软不久，他将担任微软加拿大分公司的总经理，而这也是微软在海外成立的首家分公司。里奇才华横溢，曾在加拿大电脑零售商"电脑创新公司"（Computer Innovation）里担任高管。直到今天，我都将他视为微软发展历程中最伟大的无名英雄。他长期居于幕后，绝大多数计算机行业从业者和数以千计受益于计算机的用户都不知道里奇是何许人也；然而，他的领导力却影响着比尔·盖茨、乔恩·谢利和微软的其他高管。他不但组建了一支能够适应微软高速发展的团队，而且推动了微软的业绩增长，使微软从一家排名垫底的科技公司跃居首位，这一切都

发生在他的任期内。里奇教给我们很多宝贵的经验，其中很多经验我会在本书中提到。

现在，让我们回到求职面试这个环节。面试结束时，里奇和鲍勃提供了两个岗位让我考虑：要么担任微软加拿大分公司技术支持经理，要么担任微软加拿大公司的营销代表。

"我想做营销代表。"我回答道。

里奇回答说："还是等你想清楚再答复我们吧。"他提醒我说，技术支持经理有单独办公室，公司还会给我配一辆车，而且还有一个团队向我汇报工作。营销代表则要到处出差，公司只提供车补，不配汽车；此外，营销代表在公司里只有一个小隔间，没有单独的办公室。

"我想做营销代表。"我把这话又重复了一遍。

里奇问我，为什么如此执着于营销代表这个职位，而不是技术支持经理？我告诉他，我想在微软发挥自己的技术专长，帮助人们认识到这些新颖的计算机和软件能够改善他们的生活；我可不想继续从事我在 Citation 软件公司做的那种工作。里奇回答说："想清楚，明天再告诉我们答案吧。"第二天早上，我一起床就打了两通电话。第一通电话便是打给微软的里奇，我对他说："我要做营销代表。"第二通电话打给了位于加州的苹果公司，告诉他们我拒绝了他们的工作邀请。

为什么我选择了微软而不是苹果？因为当时的我坚信软件才能驱动硬件的发展，而直到今天，我仍然坚信这一点。无论硬件设计多么漂亮，只有软件才能赋予它大脑和功能；没有优质的软件，再漂亮的硬件也会显得笨拙。微软发展到那个时期，比尔·盖茨已经为他的计算机系统树立了另一条关键原则，即这些系统会拥有一个跨产品的通用用户界面，使用户更容易学习和使用软件。起初，这种方法只适用于普通的菜单结构，后来才扩展到普通的鼠标和界面交互。

苹果公司的史蒂夫·乔布斯认为硬件驱动一切，软件的重要性没那么大。他在多个公开场合的发言中也是这样说的。后来，他通过某个所谓的"现实扭曲力场"时刻"改变了历史"，说他一直相信软硬件结合才是制造出高性能计算机的关键所在。考虑到史蒂夫和比尔最初战略方向的不同，再加上我对软件的价值有自己的看法，所以我选择加入微软。

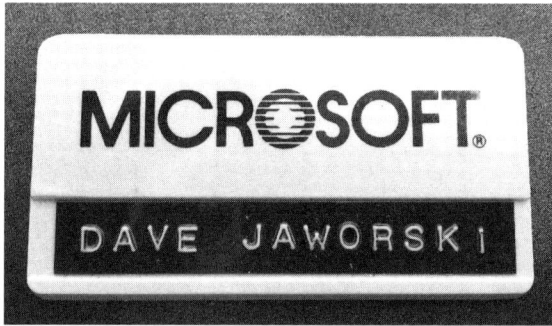

微软公司工号牌 / 戴夫·贾沃斯基

微软加拿大分公司 3 号员工

1985 年 3 月 1 日，我成为微软加拿大分公司的一名正式员工，员工编号为 3 号。虽然当时只有 24 岁，但我并不觉得自己因为太年轻而不能胜任这一角色，毕竟比尔·盖茨也只有 29 岁。我是微软在全球范围内的第 735 位员工。那时候的微软，全球营收达到 9900 万美元（微软直到 1986 年才上市）。

微软早期纪念海报

在安大略省米西索加市（Mississauga）空港路（Airport Road）上的一家煎饼店二楼，微软加拿大分公司筹备组开始运营。我们在那里碰面，筹划分公司开业事宜，并经常到楼下"补充点能量"。在1985年5月，微软加拿大分公司在多伦多机场附近的西北大道（Northwest Drive）6300号正式开门营业。当时，我们的核心员工仅有7人；而到了1985年6月，我们的全职员工已经增加到15人；到1988年年初，我们在多伦多分公司的员工已达到28人。我们还不断扩张，在温哥华（Vancouver）、卡尔加里（Calgary）、渥太华（Ottawa）和蒙特利尔（Montreal）都设立了办事处。1993 年我第一次离开微软时，整个公司的员工人数已经超过了 1.4 万人（一年后我又重返微软，从事了两年产品研发工作）。

微软加拿大分公司员工合影

到了 1990 年，微软的营收已超过 10 亿美元；而到了 1995 年，营收激增至 60 亿美元。微软正处于蓬勃发展阶段。在担任营销代表的头几个星期里，我到处出差，走遍了从多伦多到温哥华的加拿大一半领土。不久之后，由于竞争对手放弃了加拿大市场，上级要求我把业务推广到加拿大全境。我又马不停蹄地踏上了出差之路，从东海岸到西海岸，横跨了加拿大五个半小时时区。加入微软加拿大分公司之后不久，美国销售团队邀请我参加他们的销售会议。与会者共 30 人，会议的主题之一是向美国企业推广安装了微软软件的个人电脑。我们的销售团队只有 30 人，而 IBM 的销售队伍达 3 万人，人数对比悬殊。如果 IBM 专门派一些人来对付我们，我们的目标便无法实现。这是一场典型的以小博大之战，结果"小人物"最终赢得了这场高科技产品的销售大战。

Windows 1.0 操作系统

微软加拿大分公司实现了很多个第一，其中一些要归功于合理的日程安排。举个例子：1985 年的加拿大计算机展（Canadian Computer Show）定于 11 月 18 日至 21 日举行，比美国科技行业的主流交易会"计算机经销商展览会"（简称 COMDEX）只早了几天。COMDEX 举办到了第五个年头，而 1985 年的 COMDEX 将于 11 月 20 日至 24 日举行。

1985 年 11 月，我第一次与比尔·盖茨会面，当时距离加拿大分公司开业仅几个月时间。1985 年 11 月 18 日，比尔来到微软加拿大分公司和加拿大计算机展，他此行的目的是发布微软 Windows 1.0 操作系统。两天后，Windows 1.0 系统在美国 COMDEX 上发布和展示。适用于苹果电脑的 Microsoft Excel 1.0 版本于 1985 年 9 月 30 日发布，这款软件的广告标语出现在展会的展位横幅上（见下页）。顺便提及一件小事：微软从未推出过适用于普通个人电脑的 Excel 1.0 版本。适用于 Windows 的 Excel 软件是直接从 2.2 版本开始的，与当时推出的苹果 Excel 版本同步。

加拿大计算机展参展证

早期微软操作系统（Windows）的包装盒

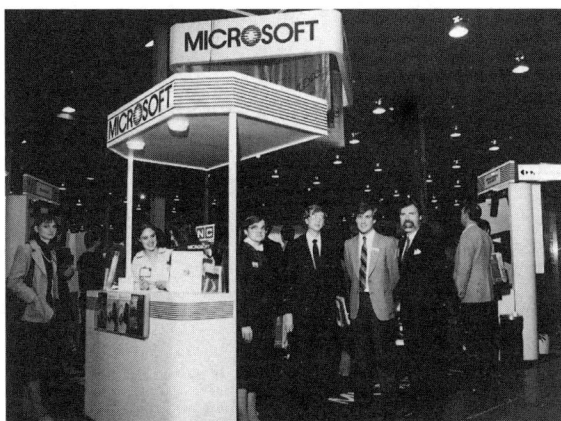

1985 年 11 月 18 日的加拿大计算机展。在微软展位上，从左
至右分别是路易丝·马特尔（Louise Martel）、比尔·盖茨、
我和里奇·麦金塔

见到比尔·盖茨之后，我发现关于他的一切传闻都是真
实的。他聪慧而有远见，内在驱动力极强，而这种驱动力如
今依旧可以感受到。他对于自己的团队有着很高的期许，希

望团队成员能拿出卓越的表现。比尔·盖茨还是一个学习能力超强的人，他提出的很多问题能够迅速直达人心。虽然他很有主见，但仍然愿意听取其他人的意见，并且对所有事物都保持好奇心，这些特质让他和微软公司都受益匪浅。于是，微软踏上了迅猛成长之路。接下来的几年里，我们获得了很多经验，也吸取了很多教训。

MICROSOFT

第二部分

原则问题
以及高速发展中的教训

那些所谓的知名企业选择了"安全"的发展道路，然而路
已经走到了尽头。我从那天起就更加清楚地认识到，为了
生存和持续发展，企业需要不断地重塑自我。

SECRETS

第 4 章
共同愿景的力量

我第一次见到比尔·盖茨的时候，他才刚满 30 岁。他非常聪明，而且志向远大。在我这个来自加拿大的毛头小子眼里，他就是科技界的韦恩·格雷茨基（Wayne Gretzky）[①]。韦恩曾说过这样一句名言："优秀的冰球运动员善于运球，而伟大的冰球运动员善于预先跑位。"在比尔·盖茨的领导下，微软在科技的赛场上总是占据先发优势，这样不仅有利于微软，也有益于整个科技界。

[①] 加拿大职业冰球明星，冰球界的传奇人物。——译者注

　　比尔是这样描述"微软愿景"的："让每个家庭的桌面上都有一台微型电脑，而每一台电脑都运行微软的软件。"微软的愿景推动了整个公司的发展。事实上，微软所有员工都能说出这个愿景，因为这是他们的共同愿景。作家吉姆·柯林斯（Jim Collins）① 提出了"BHAG"概念，即宏伟、艰难和大胆的目标（big hairy audacious goal）。"让每个家庭的桌面上都有一台微型电脑，而每一台电脑都运行微软的软件"就是我们最宏伟、艰难和大胆的目标。当时，人们很少能够使用电脑，他们听说过电脑，但很多人甚至连见都没见过电脑长什么样。

　　当你有了一个目标之后，并不是每个人都能理解你。没关系，你继续朝着目标前进就是了。

　　当然，时至今日，"让每个家庭的桌面上都有一台微型电脑"这一目标已经很轻松地实现了，甚至连小孩子都知道如何通过滑动和触摸屏幕来操作 iPhone 和 iPad。我那 3 岁的孙子伊莱贾（Elijah）每次看到大人无法找到 Spotify 软件并用它来播放音乐时，总是觉得很难以理解。他拿过 iPhone 或

① 《基业长青》的作者之一。——译者注

iPad，在各种软件图标和文件夹中快速翻动着，找到那个熟悉的图标，启动程序，然后就找到了他想要播放的音乐。可是，在我刚加入微软的时候，这样的情形还只是一个梦想。

苹果、Tandy、康懋达（Commodore）、Kaypro 和其他公司都推出了自己的电脑产品，其目标人群是电脑爱好者。1981 年，IBM 进入个人电脑行业，推出了 IBM 个人电脑。最早的图形用户界面是施乐公司（Xerox）推出的"施乐之星"（Star）；随后，苹果于 1983 年 1 月发布的"丽莎"电脑配备了价格更加低廉的图形用户界面。1984 年，麦金塔电脑（Macintosh）面世。那是个人电脑领域群雄并起的时代。

几年后，当时被视为"便携式产品"的手提电脑问世。每当我到全国各地出差时，在去洗手间的路上，几乎每个与我擦肩而过的人都会停下来，指着我手里的便携式手提电脑问我："那是什么东西？"最早期的便携式电脑都很重，看起来非常笨拙。如今，我们的手机比那些早期计算机功能更强大，而几乎每个人在坐飞机时都会携带一种或多种电子设备，包括智能手机、平板电脑和体型更小、重量更轻的手提电脑。

当时，甚至像鼠标这样的设备也不为人们所熟知。说起鼠标，还有这样一件趣事：微软加拿大分公司开始将微软产品进口到加拿大，但我们的鼠标被加拿大农业部（Canadian Department of Agriculture）隔离检疫。[①] 这批货物被单独隔离了四周之后，里奇·麦金塔接到了一个电话，说他可以取回这批鼠标了。

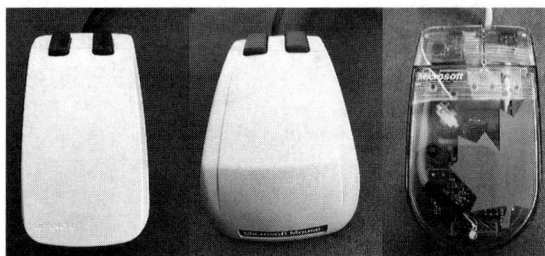

物种的进化：微软鼠标的早期版本，包括加拿大市场特别版

共同愿景的力量是无穷的，我坚信这是微软区别于绝大多数竞争对手的地方。我们知道自己的前进方向，我们知道自己的愿景是什么。比尔制定了我们的愿景和实现愿景的方式，并且把它一直展现在我们面前。在微软的全国销售大会

---

① 英文中"鼠标"与"老鼠"是同一个词，加拿大农业部误以为进口的是老鼠，所以要进行隔离检疫。——译者注

上，公司甚至就公司愿景和其他产品策略的相关问题对我们进行了测试。我们对微软的愿景了然于胸，这绝非出于偶然。

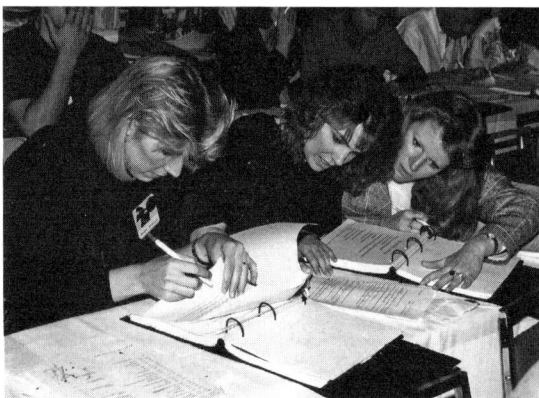

在全国销售大会上接受培训和考试

共同愿景拥有强大的力量，它促使我在多年前的生日那天写下了自己的使命宣言。这些年来，除了往宣言里增加了我的儿孙以外，它的内容几乎没有什么变化。以下便是我的个人使命宣言：

我信仰耶稣基督，他是我的主和救赎者。我的人生是一段与上帝同在的旅程，旅程的终点是获得永生。我珍惜我与上帝的关系，他比我生命中的其他任何东西都更重要。在这段通往永生的旅途中，我会珍惜给

予我支持的任何人和事物。我想遵从上帝的旨意，为
我的人生做好规划。我是上帝的仆人。

我极其重视我与苏珊的婚姻。她是上帝赐予我的
礼物。我希望，当我们走完人生的旅途时，苏珊能站
在我身边，我们把彼此献给上帝。我喜欢和苏珊一起
共度时光，增进彼此和上帝之间的关系。

我很珍惜上帝赐予我和苏珊的儿孙！我很珍惜我
们和他们之间的关系，希望它永远是一种爱和开放沟
通的关系。我希望我们的儿孙能够了解耶稣，并在人
生旅途的最后时刻与耶稣同在。我希望我们的儿孙能
积极对待人生的每一天，并且终生充满机遇。

我的工作体现出我的个人价值。在工作中，我重
视对于卓越的执着追求；无论从事任何工作，我都要
为卓越而奋斗。我重视生活各个方面的正确道德行为
和伦理操守。我喜欢那些让我的人生变得与众不同，
而不是蝇营狗苟的工作。我喜欢我的工作，工作本来
就应该是有趣的。我喜欢运用上帝赋予我的一切才能。
我珍惜创造力，并祈求得到上帝的指引，创造出反映
上帝意志的事物。我希望我的工作能引导和激励他人
发挥出自己的最大潜力，并引导他们相信上帝。

我的个人使命宣言一直是我人生旅途中的强大指引。当生活变得忙碌时，它让我回到人生的焦点，看清人生的意义。它帮助我划分各种决策和行动措施的优先顺序。企业的使命宣言也有同样效果。一份清晰的使命宣言能帮助你做决策，它能够确保所有人众志成城。当我们的工作变得忙碌时，使命宣言可以让我们保持清晰的方向。

学以致用

👆 你为自己的团队制定了一个清晰简洁的愿景吗？

👆 团队的所有人（我指的是组织中任何级别的员工）都知道这个愿景吗？

👆 他们了解愿景的含义吗？你是怎么知道的？

👆 你制订了个人使命宣言吗？

👆 花点时间，给自己准备这份美妙的"礼物"。

名片上的电子邮件地址

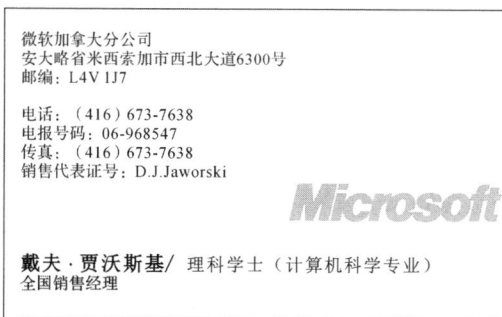

```
微软加拿大分公司
安大略省米西索加市西北大道6300号
邮编：L4V 1J7

电话：（416）673-7638
电报号码：06-968547
传真：（416）673-7638
销售代表证号：D.J.Jaworski

                              Microsoft

戴夫·贾沃斯基/ 理科学士（计算机科学专业）
全国销售经理
```

作者在微软加拿大分公司的第一张名片

从加入微软加拿大分公司开始，我的名片上就多了一个电子邮件地址（销售代表证号就是电子邮件地址）。

很快，公司就给我分配了很多个电子邮件地址，因为运行中的各个系统之间还不能相互通信。下面这张名片是后来发的，客户可以通过名片上的 CompuServe、AppleLink 和 Prodigy 地址向我发送电子邮件。

微软公司
华盛顿州雷蒙德市微软路一号

邮编：98052-6399
电话：206 882 8080
传真：206 883 8101
CompuServe邮件地址：73075,1243
AppleLink邮件地址：D2394
Prodigy邮件地址：HVVN24A

戴夫·贾沃斯基
总经理
销售运营部
USSMD

Microsoft

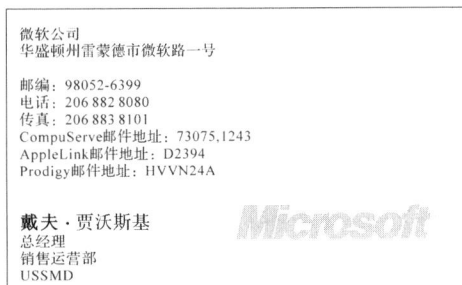

作者在微软的第二张名片

正如你所看到的那样，当时的名片包含了用于通信的电报挂号地址。如今，绝大多数人甚至都没有听说过电报机。电报系统采用一种截然不同的通信系统发送信息，就像传真不同于电子邮件一样，电报机也是专用的，它是另一种独特的通信工具。

Microsoft University

戴夫·贾沃斯基
总经理，微软大学
SMSD
电话：206 828 1515

邮寄地址：微软大学
华盛顿州贝尔维市诺瑟普路10700号
邮编：98004-1447

公司办公室
电话：206 882 8080

来访登记处
电话：206 828 1507

电报号码：160520
微软大道
传真：206 822 1429

作者在微软大学的名片

那时候，使用电脑作为交流工具还是一种激进的想法，而我对计算机技术运用的展望也主要来自于此。对我来说，这是件非常有意义的事情。然而，即使到了 1993 年，微软名片上的电子邮件地址仍然不是所有员工的标配，这从我收到的"标配"微软大学名片上可见一斑。

现如今，电子邮件地址可能比实际邮寄地址更重要。很多公司印制的名片上只有员工姓名、电话和电子邮件地址，有些人甚至在实际邮寄地址前面添加了脸书（Facebook）、推特（Twitter）和领英（Linkedin）等社交媒体的账号。这种现象表明，早期的激进想法已成为新的常态。人类与计算机沟通？完全没有问题！它每天都发生在世界各国，发生在社会的各个层面和人们可以想象到的所有领域，比如学术界、商界、个人生活、家庭、军界、政界、政府、公共事业机构，甚至是娱乐行业。电脑已经改变了我们的生活，成为我们不可或缺的通信工具。

学以致用

🖑 回想一下，客户是如何跟你和你所在的组织交流的？你们之间的交流方式是否借用了当今最高效的新兴技术？你所在的企业是否会在新的交流方式中占据主导地位并从中受益？

第 5 章
史蒂夫·乔布斯和一张名片

　　讲述史蒂夫·乔布斯生平事迹的书籍很多，他已经成为美国的民族英雄。史蒂夫确实是个奇才，他的贡献之所以受到景仰，是因为他影响到的行业比同时代的任何人都要多。史蒂夫对科技行业的影响几乎无人能匹敌，而科技行业对其他所有行业都产生了积极影响。此外，他还影响了音乐产业和电影、动画产业。

　　尽管在创新方面取得了巨大成就，但史蒂夫粗暴对待公司内部员工的做法也是人尽皆知。2006 年，《活着就为改变世界：史蒂夫·乔布斯传》（*iCon Steve Jobs: The Greatest*

Second Act in the History of Business）一书出版。这本书从真实的角度描绘了史蒂夫·乔布斯，没有任何讨好他的意思。史蒂夫立刻让苹果的零售店把该书出版商的全部书籍下架。其他书籍也讲述了类似的故事，包括沃尔特·艾萨克森撰写的乔布斯传记。最近，一批新出的图书和文章试图将史蒂夫重新塑造成一个更温和、更善良的人，甚至包括知名苹果高管兼设计师乔纳森·伊夫（Jonathan Ive）在内的员工也曾说过："如果他真是那样一个混蛋，我也不会和他合作这么久了。"类似于《成为史蒂夫·乔布斯：从粗俗暴发户到卓越领袖的成长之路》（*Becoming Steve Jobs: The Evolution of a Reckless Upstart into a Visionary Leader*）等书籍则旨在消除沃尔特·艾萨克森所写的传记带来的影响。

我并没有贬低史蒂夫之意。一方面，我很佩服他所做的贡献；而另一方面，我和他的互动，再加上一些在苹果工作的好友给我提供的第一手资料，验证了《活着就为改变世界》和艾萨克森所著传记中所说的史蒂夫的性格问题。

举个例子：1990 年，我在洛杉矶博纳旺蒂尔酒店（Bonaventure Hotel）参加了由"商业地带"公司（Business

Land）举办的活动。在那之前，我从来没有见过史蒂夫·乔布斯。史蒂夫穿过大厅，看到我衬衫上的微软标识，便转过身朝我冲过来，对着我大喊大叫，想让周围的人看清楚这场好戏。"嘿！"他朝我吼道，"我想问你几个问题！"

我兴高采烈地对他说："史蒂夫，很高兴见到你！我和我妻子多年来一直都是苹果的忠实粉丝，我们在度蜜月的时候还买了一台苹果 II Plus！"

史蒂夫没有做任何停顿，立刻转身走进了会议大厅。他本来想利用我制造一场公关噱头的，没想到被我轻易化解了。

大约同一时期，我的朋友沃尔特·威尔逊（Walt Wilson）就在苹果公司工作。有一次，沃尔特安排美国航空集团（AMR）首席执行官与史蒂夫·乔布斯在位于丘珀蒂诺（Cupertino）的苹果公司总部会面。该集团是美国航空公司（American Airlines）的母公司，也是苹果公司全球最大的企业客户。会议开始时，这位首席执行官把名片放在桌子靠近史蒂夫位置的地方。史蒂夫没有拿起名片，他只是看了一眼，然后用食指顶着拇指，把名片弹到了会议室的地板上。沃尔特惊呆了。

这位首席执行官也很惊讶，他问史蒂夫："你为什么要这么做？"

史蒂夫回答说："对我来说，不带电子邮件地址的名片没有任何用处。"

这简直太伤人了。

2005 年，在《华尔街日报》举办的"万物数字化会议"（All things Digital—D5 Conference）上，我和苹果首席营销官菲尔·席勒（Phil Schiller）有过一番交谈。我初识菲尔时，他还是 Macromedia 公司的高管，那时候我的团队正在使用 Macromedia 的 Director 软件和 Lingo 程序设计语言编程。"现在和史蒂夫共事是什么感觉？"我问菲尔，"他还像以前那么偏激吗？"

菲尔说，史蒂夫依旧偏激，但这些年来他已经温和了许多，同事们也更容易与之共事。也许正因为如此，乔纳森·伊夫觉得外界对史蒂夫的批评过于严厉了。伊夫认识史蒂夫时，史蒂夫已经到了人生后期，那时他身上的一些棱角已经被磨平了。

很多人都曾提到过史蒂夫性格偏激，甚至为人刻薄，而令人遗憾的是，关于史蒂夫性格最清晰的回忆来自丹尼尔·柯特科（Daniel Kottke）在 2015 年"展望未来大会"（DENT 2015 Conference）上接受埃伦·佩特里·林赛（Ellen Petry Leanse）采访时的描述。丹尼尔是苹果公司的老臣，也是史蒂夫·乔布斯最亲近的朋友之一。离开苹果后，丹尼尔陆续在谷歌（Google）、脸书和甲骨文（Oracle）等硅谷企业取得了巨大的成功。此前，丹尼尔也评价过苹果公司，但这是他第一次在公开场合深入讨论他与史蒂夫之间的关系。丹尼尔是在里德学院（Reed College）结识史蒂夫的，那是一所位于俄勒冈州波特兰市的文科大学。当时他们都只有 18 岁，一起玩耍，一起去印度旅行，一起思考人生的意义。后来，丹尼尔负责为麦金塔电脑设计了部分逻辑电路，麦金塔的所有原型机都是他制造出来的。他是麦金塔项目组初建时的关键成员，早期苹果电脑都留下了他的印记。

丹尼尔谈到了那些对他和史蒂夫产生深远影响的书籍，尤其是史蒂夫最钟爱的《宇宙意识》（*Cosmic Consciousness*）和《人类学观点》（*Anthropological*

View）。丹尼尔认为，这些书使史蒂夫坚信自己已经悟道了。史蒂夫曾对加州的一位瑜伽修行者说过："帮帮我，我开悟了，我不知道该怎么办！"丹尼尔说，他觉得这事很搞笑，因为如果一个人悟道了，就会知道自己该做些什么，而不需要任何精神导师来指导自己。

　　丹尼尔那天还披露了一个鲜为人知的事实。孩童时期的史蒂夫被领养后的头六个月里，养母大部分时间都没有抱他。原来，史蒂夫的生母在他被领养几天后就提起了诉讼，因为她改变了主意，决定依然由自己抚养史蒂夫。养母担心自己与尚在襁褓之中的史蒂夫关系太近，万一法官同意了生母的请求，她就会失去这个孩子，于是她决定不抱孩子，以免对他产生亲密的感情，直到养母得知法官驳回了生母的请求。丹尼尔透露说，由于没被养母抱过，史蒂夫患上了所谓的"俄罗斯孤儿综合征"，这种病症也被称为"反应性依恋障碍症"。丹尼尔说，尽管他在很长一段时间内不了解史蒂夫的童年以及这种病症对他的影响，但他坚信这事对史蒂夫的影响是很大的。丹尼尔发现，史蒂夫的过去有助于他理解史蒂夫复杂的性格以及他亲眼所见的许多行为。

丹尼尔还讲述了史蒂夫早年非常薄情，这在他对待女友克里斯安（Chrisann）和他们的女儿丽莎的方式上便有所体现。例如，史蒂夫抛弃了女友，并且不承认丽莎是他的女儿；他甚至起诉克里斯安，并在诉状中称她和很多男人上过床，而且出于医学方面的原因，他没有生育后代的能力，自己不可能是丽莎的父亲。当苹果发布"丽莎"电脑时，史蒂夫再次否认这款电脑是以他女儿的名字命名的。他让苹果的公关部门告诉媒体，"丽莎"是"局部集成系统架构"（Local Integrated System Architecture）的英文首字母缩写词。苹果的软件开发人员则私下把这个所谓的缩略语称为"丽莎：杜撰出来的愚蠢缩写"（Lisa: Invented Stupid Acronym）；而计算机业内人士对苹果公关部门的说法也不以为然，他们恶搞出了另一个全称，即"让我们编造一个缩写词吧"（Let's Invent Some Acronym），这两句话的英文首字母缩写词都是LISA。尽管史蒂夫从一开始就否认"丽莎"电脑以自己的亲生女儿命名，但后来法庭强制要求他进行DNA测试，证实了他就是丽莎的父亲，他也只能承认这个事实。史蒂夫在生命后期接受沃尔特·艾萨克森的采访时说，苹果的"丽莎"电脑"毫无疑问"是以自己女儿的名字命名的。

丹尼尔还提到了史蒂夫为人无情的另一个例子：在早前的一次面试中，史蒂夫觉得丹尼尔泄露了与他相关的机密信息，光是这件事，就足以让史蒂夫把丹尼尔排除在好友圈之外将近 5 年时间。丹尼尔的结束语是这次采访当中最显温情的时刻，他说："那个我所了解的大学同窗以及跟我一起周游世界的史蒂夫是个好人。"他说，那个才是他永远铭记于心的史蒂夫。

苹果与微软

宝剑锋从磨砺出，苹果和微软也在相互砥砺中共同进步。人们在苹果电脑上看到的很多新技术都是由微软开创的。一些简单的技术首次出现在微软 Excel 表格上，比如双击某个应用程序的标题栏，将其放大到整个屏幕。而在此之前，用户必须将鼠标指针精确地放在屏幕工具栏的一个小方格内，以实现程序的缩放（或者恢复到键盘命令，或者在菜单中找到缩放选项）。

在我看来，Windows 系统之所以取得成功，苹果公司起着至关重要的作用。麦金塔系统是第一个在商业上获得巨大成功的视窗操作系统。Windows 1.0 系统采用平铺窗口界面，而麦金塔电脑采用的是重叠窗口。微软一些内部人士称麦金塔电脑是"最适于演示 Windows 系统的机器"。

微软和苹果的关系在很多方面都存在竞争，而在某些方面则是互补的。1997 年，比尔·盖茨和史蒂夫·乔布斯进行谈判，会谈的结果是微软向苹果投资 1.5 亿美元，获得苹果的无投票权股份。在此之前，苹果已经连续 18 个月亏损，陷入了极大的困境。微软的投资使苹果逃过了被市场淘汰的命运；也使史蒂夫·乔布斯得以回归苹果，带领苹果再度崛起。与此同时，微软承诺至少花 5 年时间为麦金塔电脑开发 Office 软件。可以说，对苹果来说，这一承诺比 1.5 亿美元更有价值，它让苹果电脑在商业市场上更具实用性和相关性。当时，微软 Office 软件在所有苹果应用软件中排名第一，总销量超过 800 万套。甚至在此之前，我们微软内部就经常有人说，由于麦金塔电脑安装了微软的 Office 软件，每台麦金塔电脑给我们带来的收入都高于普通个人电脑。

乔布斯与盖茨

关于史蒂夫·乔布斯和比尔·盖茨的文学作品也很多，史蒂夫的传记可能要多于比尔，尤其是在史蒂夫 2011 秋季去世以后 [①]。我最后一次见到史蒂夫·乔布斯并与之互动是在 2005 年被称为"D5"的万物数字化大会上。他和往常一样魅力四射、才华横溢。当然，与多年前在酒店大堂里遇到的那个史蒂夫相比，他已经变得温和得多了。当史蒂夫和比尔在 D5 上发言时，会议室里的听众分成两派：一派是苹果的粉丝，另一派则是微软的粉丝。当他们在台上的讨论结束后，所有人都站起来鼓掌。毫无疑问，在过去的一个世纪里，这两个人以他们独特的方式和愿景影响了我们的世界，这是旁人无法企及的成就。我永远不会忘记这届大会，并将永远铭记多年来我与史蒂夫、比尔的交流，并对他们心怀感激。在我的心目中，史蒂夫永远是那个才华横溢的天才，他用自己的天赋帮助我们改变了世界。

[①] 我想向大家推荐一本关于苹果和史蒂夫·乔布斯的书籍，书名为《苹果的魔力和勇气：业内人士眼中的苹果》（*The Magic and Moxie of Apple: An Insider's View*），作者是凯莉·理查兹（Kelli Richards），出版商是位于加州丘珀蒂诺的全通集团，出版日期是 2012 年。

第 6 章
股权和交流的重要性

上市

1986 年 3 月 13 日，微软成为一家上市公司，上市时的股价为 21 美元。第一个交易日结束时，股价涨到了 28 美元。微软首次公开募股（IPO）便募集到了 6100 万美元。

比尔·盖茨曾说过，他起初希望微软上市后，员工手里的股票期权能帮助他们获得购房所需的预付定金。虽然他有着远大的愿景，但却并没有预见到微软上市会造就一大批百万富翁，甚至还有好几位亿万富翁。这些富翁都是微软股票期权所造就的。

这些股票都是认购股，也就是说，我们无法将其一次性变现。事实上，首次认购是在授予股权 18 个月后才发生的；然后每隔 6 个月，员工都会认购一部分股票。认购授权股总共需要 4 年半时间，而在此过程中，我们能够获得额外的股票期权，从而再次开启这一循环并与此前授予的股权相重叠。

由于认购时间较长，这种股票期权被称为"金手铐"（golden handcuffs）。在 4 年半时间里，随着员工完成认购，企业通常会出现人才大量流失的现象。这种现象也出现在微软的发展过程当中。随着微软股票停止了暴涨，人才开始大量流失。

我在微软工作了整整 10 年，这 10 年里，微软股价强势上涨。在此过程中，很多人跟我说他们不想投资微软股票，因为他们认为微软的股价已经没有上涨空间了。每当有人说微软股价不会再涨时，它却总是年复一年地上涨。对于那些认为微软股价已达高点的人，微软首席财务官弗兰克·高德特（Frank Gaudette）使他们坚信自己的观点是正确的。每个季度结束时，弗兰克所发表的公开讲话会让人产生这样一种错觉："是的，我们这季度表现不错，但我们不能确保公司持续高速增长。"他发表完公开讲话后，微软股价通常会下跌一小段时间。弗兰克非常善于为公司进行风险管理。

股权至关重要。长久以来，很多公司的大部分员工终身只为一家公司工作。他们会把自己整个职业生涯都奉献给这家公司，退休时获得公司赠送的金表或者其他类似奖品。时移世易，这种情况早已发生了变化。如今，人们在一生当中通常会换 6 份或 6 份以上的工作。像微软赠予员工股权或分红的做法将有助于企业发展，并留住企业所需人才。我们都想少花钱多办事，而留住关键人才显得尤为重要。

学以致用

🖑 你的员工是否对企业有归属感？这种归属感不一定是股票期权带来的，分红也是说服员工留职的一个强有力的理由。要在企业内部营造一种关爱员工的文化，持续倾听员工心声，为员工提供培训机会，证明企业是关心员工的，这也是让团队对企业产生归属感的另外两种方式。

沟通控制策略

加拿大苹果用户组网络（Canadian Apple User Group Network）

赢得战争的秘诀是什么？在传统战争策略中，最终的胜利通常属于控制了沟通渠道的一方。

1985 年，莲花软件公司（Lotus）向微软宣战。莲花的 Lotus1-2-3 软件在个人计算机电子表格领域占据统治地位，而随着麦金塔电脑的发布，莲花和微软都想争夺这个新的平台。于是，莲花发布了 Jazz 软件，希望把它在电子表格领域的支配地位延续到新问世的麦金塔电脑上。

在 1985 年和 1986 年，那些对科技感兴趣的人群主要通过用户组了解新产品，与其他感兴趣的技术专家会面并分享他们的观点。加拿大的每个大城市都有一个或多个用户组，他们通常每个月都会见面，有些用户组的见面频率甚至更高。用户组都是独立的实体，每个用户组都有自己的领导层、议程和工作方式。

为了赢得这场技术战的胜利，我们微软加拿大分公司创建了加拿大苹果用户组网络，并将该网络与所有用户组联系在一起。我们的策略是为所有用户组提供沟通方式，共享新的 Excel 平台模板，将一些好想法通过时事通讯在小组之间相互推广。我们出席会议，并抢先分享一些新兴技术。所有用户组获得的消息都是从我们这里发出的，因此我们控制了沟通渠道。我们向用户们推荐微软和其他主流软件开发商的产品，但莲花公司的产品除外。当莲花公司的 Jazz 软件获得一项产品包装奖时，我们会在给用户组的时事通讯上表示祝贺。我们还向各用户组的最佳技术创新者颁发奖项，并在时事通讯中对他们进行专题介绍。这个策略非常富有成效，微软的 Excel 从未让莲花公司的 Jazz 软件在加拿大站稳过脚跟。

凯文·詹波尔（Kevin Jampole）（左一）从微软加拿大分公司的马尔科姆·麦克塔格特（Malcolm MacTaggart）（右一）和我（左二）手里接过用户组大奖

学以致用

👆 在你的行业里，哪种沟通策略最让你受益？你
是否能把人们组织起来，向他们提供信息，从
而给自己的沟通渠道增值，同时给自己增添战
略优势？你能从战略层面控制沟通渠道吗？

共同语言（MAG）的重要性

在我们位于硅谷的办公室里，我问了一句："谁有橡
皮圈？"

有人从走道探出头来问我："什么圈？"

另一条走道的声音回答道："他想要一根橡皮筋。"

我的加拿大式口语暴露了我的异乡人身份。到了硅谷以
后，我发现即使是简单的事物也有新说法。

在加拿大，沙发被称为"长沙发"，"纸巾"代指女性卫生用品，而用来擦嘴的纸则被称作"餐纸"。

我在加拿大形成的表达习惯闹了无数笑话，于是我决定庆祝一下这种差异，或者正如魁北克人所说的那样，高呼"差异万岁！"我为微软西部地区的员工安排了一场"加拿大海滩聚会"（Canadian Beach Party），派对上有加拿大进口啤酒，比如"默尔森加拿大人"（Molson Canadian）和"拉巴特蓝"（Labatt's Blue）等品牌；还有各种各样的甜食，比如"聪明豆"（Smarties）[①]、"多吃点"（Eatmores）、麦金塔太妃糖（Macintosh Toffee）等糖果；娱乐方面，我们把加拿大乐队都请来了，包括"猜猜谁"乐队（Guess Who）和"巴赫曼特纳超速驾驶"乐队（Bachman Turner Overdrive），这两支乐队都来自我的家乡温尼伯。我还给每个人准备了一顶无沿帽，小孩也不例外。

随着派对日期的临近，我注意到办公室里很多人在窃窃私语，似乎很不安。我找来几个同事，问他们在嘀咕些什么。"我们在讨论聚会上的毒品问题，"有个人说道。"毒品？谁要带毒品来参加聚会？"我问他。"你说你要带毒品过

---

① 与美国的同名糖果不同。——作者注

来。"他回答道。我大吃一惊。"什么？我什么时候提到过毒品？""你说过每个人都有份吸毒。""我说的是每个人都一顶无檐帽，"我澄清道，"加拿大带来的无檐帽。"①

同事们终于松了一口气。那些在犹豫是否参加聚会的人也决定要来了。在某届冬奥会上，加拿大单板滑雪队让所有加拿大人落得个"瘾君子"的名声；显然，我的微软同事们以为我也爱吸大麻。以下是加拿大海滩派对的几张照片，请注意他们头上戴的无檐帽。

微软加拿大员工的海滩派对大合照

---

① "吸毒"的英文"toke"与"无檐帽"的英文"toque"发音相似，从而造成作者的同事混淆。——译者注

从左至右分别是黛安 · 康奈利（Diane Connelly）和我的妻子苏珊 · 贾沃斯基

微软员工的孩子们

我从这个可笑例子中汲取了教训。后来，类似情况在微软公司重复出现了多次，只不过不是每次都与加拿大人的习俗有关。

每当有新人加入我们的团队时，这个人很快就会满脸疑惑地说："我不知道你们都在说些什么。"新员工常常觉得自己到了国外，每个人都说着不同的语言。

而我们会问他："哦，你没有拿到 MAG 吗？"
"什么是 MAG？"
"《微软缩略语指南》（*Microsoft Acronym Guide*）。"

我们编制了一份速记词汇表，表中列出了我们早已习惯使用的表达方式。如果不是新员工提出疑问的话，我们甚至都没有意识到自己已深陷其中。我们告诉团队的新成员，假如他们发现我们使用了一些语义含混不清的术语，那就大胆地说出来。不过，有些新员工就算不明白我们在说什么，他们也不好意思说出来，这种情况是最糟糕的。如果他们畅所欲言的话，至少也不会当场就一头雾水，对话还能进行一段时间。

我们开发的软件中也有一些令人混淆的术语。现如今，我们绝大多数人都能熟练地点击"文件"菜单，然后选择菜单上的选项来访问文件，比如点击"打开"键。"文件—打开"的最初叫法是"转移—上载"。在与客户测试应用程序的过程中，我们发现，只要更改菜单中的几个单词，就可以将一项任务从混乱变得简单和易于操作。

学以致用

你的公司是否有内部通用的语言？它是否会让你的团队成员有时候感到困惑？更糟糕的是，它是否会让你的客户感到困惑？

第7章
创造力、解决问题的能力和诚信

微软 Office 软件问世

企业要制订商业计划，我们个人要写人生计划。有一个笑话是这样说的：如果你想逗上帝笑，那就把你的计划告诉他。

无论你在哪个企业，解决问题的能力都是你必须具备的关键技能之一。如果你想培育一种以解决问题为导向的创造性企业文化氛围，那你最好是一名善于提问，但又承认自己不知道所有答案领导者。保持好奇心，对于出乎意料的问题解决方案持开放心态。下面，我要讲一个我在微软亲身经历过的例子。

1986 年，微软发布了适用于麦金塔电脑的 File 软件。这款产品采用的是托盘独立包装。到 1987 年年初，微软的 Word 和 Excel 都非常畅销，File 却业绩平平。File 是一款基础的数据库程序，绝大多数人似乎更乐于使用 Excel 或其他产品来执行此类任务，File 的市场接受程度不高。

为了扭转局面，我们的总经理里奇·麦金塔组织了一场策略会议，以解决销量不畅的难题。与会的 6 个人围坐在桌旁，开始思考和探讨各种潜在的问题解决方案。至今我仍记得，我们的仓库经理汉斯·塔尔（Hans Taal）率先提出用热塑包装将 File、Excel 和 Word 打包出售，并将其称为"微软 Office 软件套装"。我们在这三种产品的普通用户界面推广 Office 套装软件，产品就这样卖出去了。

后来，汉斯又把套装的外包装设计成类似于 Word、Excel 和 File 的包装风格，然后把这三款软件的说明书和光盘拿出来，装进新的"微软 Office 软件套装"盒子里。这种捆绑式版本卖得更好。

不久以后，我们致电美国的同事，建议他们如法炮制。1988 年，劳拉·詹宁斯（Laura Jennings）把微软 Office 软件套装引入了美国市场，接下来的事情大家都知道了。

2015 年 2 月 19 日，受微软大学校友会（Microsoft Alumni）首席执行官里奇·卡普兰（Rich Kaplan）邀请，我加入了位于华盛顿州雷德蒙德市（Redmond）微软校区行政简报中心（Executive Briefing Center）的校友群，该群共有 15 名校友。那天，我们听取了 Windows 10 操作系统产品经理、微软 Azure 云计算平台和微软创投部门 Ventures 负责人的工作汇报，参观了微软的"未来愿景"（Vision for the Future）教育基金，拜访了微软安全中心（Microsoft Security）。我们还与微软 Office 产品经理会面，讨论了微软 Office 的起源和成长历程。我对他们说，我认为当时的 Office 用户数量达到了 8 亿，然后问他们这个数字是否有出入。产品经理告诉我，到那天为止，微软 Office 的活跃注册用户数量达 13 亿多。我们在 1987 年进行的小小头脑风暴取得了意想不到的效果！

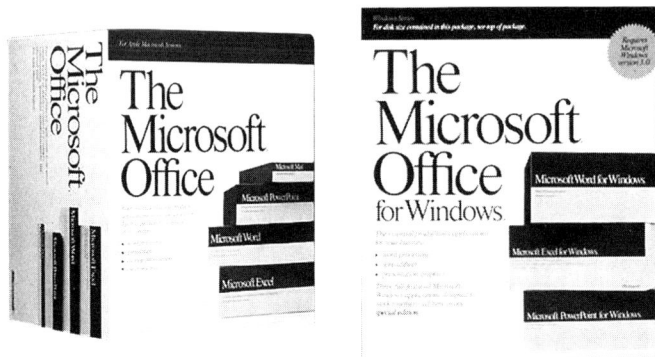

左图为适用于麦金塔系统的 1989 年版微软 Office 套装软件
右图为适用于 Windows 系统的 1989 年版微软 Office 套装软件

　　为了解决 File 软件的销售问题，我们做了一些尝试，没想到就此催生了 Office 软件套装。尽管如此，File 这款产品并没有存在太长时间，它最终被微软的 Mail 软件取代，成为前几批美国版本 Office 的套件之一，而且从未应用于个人电脑产品。

智能页面（SmartPages）

　　在洛杉矶的那些年里，我们还遇到了另一个难题，而借着解决难题的良机，我们又为所有商业伙伴和技术合作伙伴找到了一种解决方案。

微软公司总部向所有一线销售人员分发销售演示文档、最新的战略产品信息、市场营销计划和政策、公司目录、定价信息以及人力资源文件等资料。销售人员拿到这些资料之后，面临着很多挑战，比如：

●纸质文件和磁盘资料越来越多，销售人员都变成了档案管理员。

●销售人员的档案管理能力决定了他们向客户展示最新、最准确信息的能力。

●任何销售团队都应尽量把时间花在与客户沟通上，而不是仅仅给客户寄送纸质文件或推送电子文档。

●当时，普通的笔记本电脑硬盘很容易被各种信息塞满。

如何解决这个问题？答案就是智能页面。

智能页面是由我和戴夫·施特林（Dave Staehlin）首创的，目的就是为了解决上述问题和其他类似问题，并帮助销售人员把时间节省下来，重新用在销售上面。智能页面只需一个人收集所有最新的信息，然后向所有一线销售人员寄送一张包含所有最新信息的 CD-ROM 光盘。只要收到最新光盘，你就拥有了所有最新信息，每个月只需取出旧的光盘，并把新光盘插入电脑，就能对所有关键信息进行归档。

智能页面还有助于实现另一个目标。当时的绝大多数电脑都没有配备 CD-ROM 光驱。专门负责为麦金塔电脑开发软件的微软 Office 产品经理劳拉·詹宁斯（Laura Jennings）跟我们与东芝一起合作，为每一位销售人员都提供了一台外接光驱。所有销售人员都配备了这种强大的新技术，并掌握了亲自动手操作的技能。在客户面前，他们显得更在行、更有价值。

后来创立 Real Networks 公司并担任首席执行官的罗布·格拉泽（Rob Gaser），当时是微软光盘版百科全书 Encarta 的产品经理，他称智能页面是第一次将新诞生的 CD-ROM 技术真正运用于商业。

智能页面成为我们一线销售团队不可或缺的工具。很快，微软其他部门陆续向我们提出了智能页面光盘的需求。

智能页面也催生了该技术的其他类似应用。微软给客户和软件开发人员提供光盘，这些光盘向特定受众提供了最新版本的参考资料和其他相关信息。

随着时间的推移，电脑网络变得越来越快，快到足以让我们建立包含这些信息的私有共享文件夹。我们不再需要更换光盘或担心自己拥有的信息是否是最新的，只要在网络上使用这些文件，它们就会自动实时更新。

学以致用

👆有什么办法可以让你的企业部分实现自动化，甚至半自动化运营，从而借助这种杠杆手段确保你和员工的时间都花在重要事项上？你能为客户和生意伙伴做同样的事情吗？

诚信是另一种与众不同的特质：给予者 vs. 索取者

1986 年，微软发布了 Access 软件。今天，很多人都知道 Access 是一款数据库产品，但在 1986 年，也就是微软第一次使用"Access"这个名称时，它并不是被用作数据库产品的，而是一款通信产品。

微软的营销团队在内部吹嘘说，Access 可以借助调制解调器同时进行多达 8 场的通信会话。也就是说，这款软件的主要目标用户是金融交易员和新闻组织。对绝大多数人来说，这样的功能可有可无，因为在实际应用中很少有人通过调制解调器同时进行好几场会话，一场会话就足以发挥作用。

位于渥太华的 Frantek 公司是加拿大主要的计算机科技产品批发商之一，他们打算向微软下 200 套 Access 产品的初始订单，但考虑到该公司的目标客户是普通消费人群，而非最重视 Access 的金融交易者和新闻机构，我建议他们先购买 10 套，看看销售情况再做打算。我认为，Access 的市场需求并不像微软营销团队预想的那样大；我甚至认为那 10 套产品都很难卖出去。虽然短期订单量减少了，但从长远来看，诚信经营才是正确的做法。有了类似互动之后，Frantek 公司的高层打电话给我，询问我对第三方产品的看法。他们很信任我，我把自己的看法如实反馈给了他们。我们之间的关系也得以良性发展。

1987 年 11 月，微软发布了适用于个人电脑平台的 Excel 软件。Frantek 的高层说，他们将订购 20 套卖给自己的经销商。我建议他们订购 200 套，他们欣然接受。后来，这 200 套 Excel 全部卖出去了。

那时候，软件行业的运作模式大体上是这样的：软件制造商将产品卖给批发商，批发商把产品卖给经销商（即零售店），经销商再卖给企业和消费者；而像 Computerland 和 Egghead 这样的大型经销商则直接从大型软件制造商那里采购产品。软件制造商会根据批发商和经销商的采购量向它们支付回扣和营销奖励。在每个季度末，为了获得营销奖励，批发商和经销商通常会给制造商下大笔订单，这种做法也被称作零售渠道的"大宗采购"。

微软加拿大分公司总经理里奇·麦金塔后来对业务模式做出改进，提出了"批发商和经销商一视同仁"的业务目标。在将目标付诸实施的过程中，他使零售渠道行为发生了重大转变。里奇放弃了控制权，并改变了软件行业销售模式和推销软件的方式。他取消了大宗采购奖励，并根据销售流通情况支付营销奖金。为了获得某款产品的营销奖励，批发商和经销商必须通过销售渠道将产品卖到终端用户手中；如果产品只是存放在批发商或经销商的仓库货架上，那么微软就会认为这些产品还没有卖出去。只有在客户购买了产品之后，销售过程才算最终完成。

学以致用

👆 你是否以诚信对待客户？你是否会为客户着想而让客户少下一些订单？你希望自己的团队与客户建立长远的关系，团队成员是否清楚这一点？在企业内部，你是否同样以诚待人，为了企业的长远利益而仗义执言？

员工是我们的最大财富

人际关系至关重要

微软是一家科技公司，然而最重要的是，它是一家以人为本的公司。在我看来，其他公司同样也应该是以人为本的公司，无论它们是否意识到这一点。公司是由各种人际关系组成的，包括员工与员工的关系、员工与客户的关系，以及员工与该公司所属特定行业中的其他人的关系。这些关系或者会给企业或个人带来成长的机会，又或者会阻碍他们的成长。

我们的个人生活也离不开人际关系。人是关联性的存在，从上帝创造人类的那一刻起，人们就相互依存。圣经说，人类是按照上帝的形象创造出来的 [《创世记》（*Genesis*）第 1 章第 26—27 节]。作为一名基督徒，我相信圣父、圣子和圣灵，而这神圣的三位一体表明，甚至连上帝也与他自身存在关系。人类生来就会与周围的人建立关系，这是我们人生旅程当中一个不争的事实，而对我们创建的组织来说，这种关系也十分重要。

真正的幕后英雄

每个故事当中都有无名英雄，这些英雄居于幕后，以最重要的方式影响着故事的结局。微软也不例外，以下就是我挑选出来的微软无名英雄。

里奇·麦金塔

我有一位朋友，他的私人医生名叫佩恩（Payne）[①]，而他的私人牙医名叫赫尔特（Hurt）[②]。我还认识一位律师，他的名字叫威廉·海（William High）[③]，而他还有个姓叫比尔（Bill）[④]；要知道，律师的时薪是非常高的。有些人的姓名和他所选择的职业简直就是天作之合，令人啼笑皆非。里奇·麦金塔的姓名也和他的职业充满了巧合。后来，他成为影响行业发展的重要人物之一，对 IBM 兼容电脑和麦金塔电脑都做出了巨大的贡献。而我们也因此变得更加富有[⑤]。

---

① "佩恩"的英文单词发音与"痛苦"一词相同。——译者注
② 该名字对应的英文单词还有"痛苦""伤害"之意。——译者注
③ 该名字对应的英文单词含义为"高"。——译者注
④ "比尔"的英文含有"账单"之意。——译者注
⑤ "里奇"的英文含有"富有"之意。——译者注

里奇·麦金塔曾是加拿大电脑行业的一流高管，后来成为微软加拿大分公司的 1 号员工。里奇是一位不折不扣的领导者，同时还是一位良师益友。能够在里奇的领导下工作，对任何人来说都是一件幸运的事情。在微软加拿大分公司时，我经常和他一起拼车出行。多年来，无论是在上下班的路上、开会的过程中，还是在其他一起经历过的事情中，他都会引导我处理好一些个人问题和工作问题。我感觉里奇确实很关心我本人、我的家庭以及我的职业生涯，他对其他人也是如此。每当我回想起那些拼车的日子，仿佛就看到了睿智的里奇出现在我面前，对我循循善诱，而我当时竟没有意识到这一点。

里奇是技术领域真正的先驱者。他对微软做出了巨大贡献，帮助微软在许多领域取得了成功。下面我要着重介绍他几方面的贡献。

我在上一章节提到过，里奇改变了软件营销激励流程，把最初的大宗采购激励模式更改为销售流通激励模式。他认为，只有把软件卖到终端用户手中才是最重要的。里奇的决策是正确的，因为在此之前，软件其实并没有真正卖出去。

绝大多数批发商和分销商都有退货权，而这就意味着在最终用户购买产品之前，这些产品是可以被退回给厂家的。为了减少退货数量并将软件卖到最终用户手中，里奇采取了销售流通激励措施。参与产品流通过程的软件公司及其销售人员、批发商和分销商都能在产品流通基础上获得奖励，所有人的目标由此达成一致。也就是说，直到产品通过销售流通渠道卖给消费者之后，销售代表才能得到他们应有的奖励。

微软的销售运营部门位于华盛顿州雷德蒙德市的微软公司总部。刚加入该部门时，我发现，在间接式销售模式下，我们要花一年多时间才能从头到尾地追踪和记录销售结果。因此，对销售代表来说，提成支票更像是圣诞礼物，他们无法看到自己的销售行为与提成之间的直接关系。毫无疑问，这种局面不是我们希望看到的，而我的任务就是缩短这两者之间的时间差。我们团队和渠道合作伙伴一起努力，把这个过程缩短到 37 天。从此以后，销售代表手中的提成与他的近期销售额终于形成了明确的关系。

里奇改变了整个行业的运作模式。他找到了一种方法，使所有参与销售过程的人都达成一致目标。想看到这种巨大转变带来的好处，我们还需要再做一些调整，但富有远见的里奇致力于真正重要的东西，他的努力为我们铺平了道路。从那以后，微软的关注重点就放在了购买和使用我们软件的消费者身上，而不是批发商或分销商等中间环节。其实我们早就应该这样做了。这一转变使产品从诞生到使用的整个流转周期变得更加透明，最终，整个软件行业都追随了里奇的步伐。

里奇还用另一种方式改变了软件行业。我们的企业客户起初只采购 50~100 套产品，随着电脑在组织中被使用得越来越普遍，采购数量猛增至数千套，而且这些电脑安装了各种各样的软件，比如文字处理软件、电子表格软件和数据库软件。每种软件产品都是盒装的，里面有使用手册、光盘和至关重要的软件使用许可证。随着个人电脑开始通过办公网络和在线文件相互连接，用户只需要软件许可证记录便可使用软件。然而，软件制造商仍然要求企业客户为每一台运行的电脑购买盒装软件，并把软件盒存放起来。很多企业客户带我们团队参观他们堆满了软件盒的办公室，以证明他们是合法使用我们软件的。客户需要大量空间储存软件盒，这件事变得越来越可笑。发现了这个问题之后，里奇将许可证改为纸面协议，使客户不必再储存软件盒。这一转变具有哲学意义，因为我们已经意识到软件是数字化的存在，它不需要以实物的形式出现。里奇再一次引领了软件行业的潮流。

学以致用

🖑 你的目标是否与销售渠道相一致？为了实现既定目标，你采取了一些必需的行动，而激励措施是否与这些行动相一致？如果不一致，原因何在？

🖑 你是否可以借助自己的产品或服务使客户的生活变得更轻松，从而提升你跟他们之间的关系？

里奇·麦金塔与斯科特·冲（Scott Oki）

里奇·麦金塔和斯科特·冲之间的关系就像是蝙蝠侠与罗宾（Batman and Robin）或者独行侠与唐托（the Lone Ranger and Tonto）的组合。他们是一对充满活力的搭档，从他们身上我们看到了团队合作的优势。

斯科特·冲曾供职于惠普公司（Hewlett-Packard）。他曾大胆地预测说，微软总有一天会占据国际市场 50% 的份额。然后，他开始着手把这一预测变成现实。微软产品的国际市场销售额占整个公司营收的 50% 以上，微软的软件开始走向全球。

真正的开拓者: 斯科特·冲（图左）和里奇·麦金塔（图右）

斯科特负责微软的所有国际业务，里奇则率领微软加拿大分公司成为微软国际投资组合中成长速度最快的附属机构之一。与此同时，美国微软总部高管层对于美国微软的营销领导团队感到不满，于是把里奇和斯科特召回位于华盛顿雷德蒙德的微软总部，让他们负责微软在美国市场的营销工作。

里奇和斯科特这对组合掀起了一股成功的浪潮，使微软从各个产品类别的最后几名冲向了销售榜榜首。为了做到这一点，他们深入研究微软及其竞争对手，甚至还研究其他行业。他们竭力寻找最佳实践方法，看看哪些方法适用于新兴的科技行业。

为此，斯科特让我们从主要竞争对手的损益表倒推分析其盈亏情况。如果竞争对手是上市公司，他就会借助现有的财务报表以及该公司高管的言论来了解其优势和弱势；如果竞争公司是私营企业，他就要靠我们收集到的信息进行分析。我记得，斯科特有一次对我们说，如果我们的策略成功的话，莲花软件的首席执行官会发表一些声明，而他说的话将表明我们已经实现了目标。后来，莲花软件首席执行官吉姆·曼齐（Jim Manzi）果然发表了声明，而且内容和斯科特的预言几乎一字不差。我们马上回想起斯科特说过的话，我们的策略正中对手的要害，莲花已经元气大伤。

鲍勃·奥瑞尔

尽管鲍勃·奥瑞尔出现在微软初创时的 11 名员工照片当中，但在公司之外，很少有人知道他的存在。

过去和现在的鲍勃·奥瑞尔（顶部）与比尔·盖茨
（底部）

在加入微软之前，鲍勃·奥瑞尔曾在美国宇航局（NASA）工作过。他领导的团队负责计算美国航天飞机离开地球大气层以及登月后安全返回地球所需的各种数据。假如他的计算出现错误，航天飞机进入太空后，就会偏离预定轨道，宇航员也许永远也无法返回地球；而当宇航员准备重返地球时，倘若航天器的返回角度计算失误，就可能导致航天器在下降过程中被烧毁。因此，鲍勃的数学计算工作不允许犯错。我听说鲍勃是用一把滑动标尺做计算的，事实证明那只是虚构的故事。然而，当鲍勃纠正这个说法时，我才知道他的工作并不只是计算航天器离地角度和返回角度那么简单，而是要复杂得多。

"在美国宇航局工作期间，我从未使用过计算尺。我大多数时候都用 Fortran 语言编写航天器重返大气层的程序，而且使用的是一台大型计算机（Univac 1110）。这台计算机产生的数据被传送到航天器驾驶舱。驾驶舱两旁装有小型喷射器，而这些数据就是喷射器的点火序列。点火成功以后，航天器就会沿着设定好的路线进入大气层，并且不停旋转以消散热量。早期我用计算器计算过数据，或者检验算法是否正确，但我从未用过计算尺。"

当时人类所掌握的航天知识有限，而且一旦犯错，就

会造成严重后果。有鉴于此，鲍伯所做的工作确实令人叹
为观止。

那么，鲍勃到底有多聪明？对于早期要跟其他新兴科
技公司争夺行业龙头地位的微软而言，鲍勃的贡献到底有
多大？英特尔发布了新芯片之后，微软需要编写适用于新
芯片的操作系统软件。根据英特尔提供的书面要求，鲍勃
在现有机器上用软件编写了一套仿真程序。他在新芯片面
世或推向市场之前就做了这步工作，以便于微软工程师尽
早利用新技术开发软件。鲍勃的创新之举使微软在竞争中
具备了先发优势。

随着微软在全球范围内拓展业务，鲍勃要到新兴市场
出差，了解建立子公司所需的条件，包括当地的业务需
求。他还负责招聘子公司的总经理和员工，为他们建立子
公司和开展业务提供支持。他重复地做着这项工作，就像
是在世界各地种植苹果树的约翰尼·阿普尔西德（Johnny
Appleseed）[①]。如今，微软成为全世界最强大的企业，他播

① 美国西进运动中的一位传奇人物，他用 49 年时间播撒苹果种子，
梦想创造出一个人人衣食无忧的国度，对于苹果的种植和传播以及自然
保护做出了巨大贡献。——译者注

撒的"种子"已经结成硕果。

乔恩·谢利

乔恩·谢利与比尔·盖茨

比尔·盖茨身边从不缺乏才华横溢的思想家，而这正是他本人拥有非凡才华的标志之一。比尔和乔恩·谢利就是这样一对最佳拍档。乔恩担任微软公司的总裁和首席运营官，同时也是公司董事会成员。

乔恩·谢利曾供职于 Tandy 公司。他头脑敏锐，善于分析，而且明白销售工作的价值。他为比尔出谋划策，制定考核标准，使每个子公司都为关键可衡量目标负责。如果你把一沓电子表格打印出来给他，几秒钟后，他就能发现隐藏在一堆页面当中的、使事情变得不合理的一个错误之处。每当倾听下属介绍业务策略时，乔恩的注意力非常集中，而且会问一些很尖锐的问题。他几乎在瞬间就能找到成功的关键因素。如果乔恩不提出尖锐的问题，比尔也会做这件事，没有什么能逃过他们的双眼。

乔恩和比尔配合得天衣无缝，因此，我们在为业绩考核面谈做准备时总是非常紧张。我们会将自己的观点和支持这些观点的数据全部想一遍，还要预测乔恩和比尔可能会提出哪些问题以及问题的答案。我们会尽量准备多一些幻灯片，就算不用在演示文档里，也可以用来回答随时会出现的问题。与乔恩和比尔的高质量互动促使我们不断提升自己，而紧张的面谈准备过程有助于我们深入思考自己的提议和策略。这些经历都让我们变得更加优秀。

乔恩在微软担任了 7 年总裁。毫无疑问，如果不是因为双穿孔性出血溃疡，他还会在微软继续工作下去。溃疡差点要了他的命，但谢天谢地，他逃过了一劫。由于身体原因，乔恩辞去了微软的日常管理职务，成为我们公司董事会的一名重要成员。

弗兰克·高德特

弗兰克·高德特

弗兰克·高德特是微软的首席财务官，也是微软首任人力资源、设备和运营主管。加入微软之前，他曾供职于菲多利公司（Frito Lay）。无论过去还是现在，财务数据对于企业而言都非常重要，但弗兰克最出名的或许是他那句名言："员工是我们的最大财富。"他是这样说的，也是这样做的。

当我和苏珊被总部调往微软洛杉矶分公司工作时，弗兰克主动找到我，问我们是否需要帮助。我们当时还很年轻，从多伦多郊外乡村搬到洛杉矶之后，没有足够的钱买房子。弗兰克给我们推荐了房子，并向公司申请了财政援助。弗兰克还在很多场合帮助过我和其他人，真正体现出了他"以人为本"的理念。

在华尔街投资人眼里，弗兰克是那种长袖善舞之人，他总是对外界说："没错，公司这个季度业绩不错，但我们不能确定下个季度是否还能如此。"这番话说得很巧妙，可谓一石二鸟。首先，它使股票以稳定和合理的速度增长，避免了过山车式的跌宕起伏；其次，由于没有对前景过度乐观，就算下一季度业绩下滑，也不会遭股东投诉。弗兰克是一位既自信又有才能的财务和运营主管。弗兰克不但要达到华尔街投资人的预期，还要不断扩建微软的设施，使其满足公司快速增长的需求，所以，他要承受巨大的压力。不过尽管如此，他的内心还是充满了喜悦。在与财务相关的任何事情上，弗兰克都会表现出一种强硬的品质，但与此同时，他总是保持着欢声笑语。

1992 年，弗兰克患了一种 B 级淋巴瘤，这是淋巴系统的癌症，癌细胞会在体内迅速蔓延。9 个月后，也就是 1993 年4 月，弗兰克与世长辞。微软和这个世界过早地失去了弗兰克。他是一位优秀的管理者，深知唯有靠优秀员工和营造良好的工作环境，才能研发出微软的先进技术。

麦克·梅普斯（Mike Maples）

麦克·梅普斯

在我看来，麦克·梅普斯是有史以来最优秀的软件开发经理。麦克在 IBM 有着极为成功的职业生涯，随后加盟了微软。当时很多人都在想：从 IBM 的企业文化转换到微软的企业文化，对于如此高级别的领导岗位来说可不是件容易的事情。然而，麦克似乎毫不费力地适应了微软的企业文化。

从左到右分别是麦克·梅普斯、史蒂夫·鲍尔默（Steve Ballmer）和比尔·盖茨

在麦克的领导下，微软主流产品的出货量在短短 18 个月里就超过了历史上任何一家大型软件开发公司。麦克为微软的软件研发制定了"零缺陷"的目标，使微软的所有产品提升了品质，从而巩固了我们作为高质量软件生产商的地位，成为企业客户可以依赖的对象。

微软能取得今天的成就，离不开成千上万人的贡献；然而，从排名末位到傲居榜首，微软的迅速崛起更离不开它的"秘密武器"，即由比尔·盖茨、乔恩、弗兰克、麦克、里奇、斯科特和鲍勃等人组成的领导层，再加上布拉德·西尔弗伯格（Brad Silverberg）、皮特·希金斯（Pete Higgins）、刘易斯·莱文（Luis Levin）、查尔斯·史蒂文斯（Charles Stevens）、克里斯·彼得斯（Chris Peters）、罗恩·戴维斯（Ron Davis）和其他很多才华横溢的团队成员。他们使微软变得更加坚不可摧。在每一个我们认定的产品类别里，我们都从陪跑者变成了领跑者。

董事长特颁卓越员工奖

1986 年，微软国际（Microsoft International）在法国南

部城市戛纳（Cannes）举行年会。公司高管层决定设立一个新的奖项，并将其命名为"董事长特颁卓越员工奖"（Chairman's Award for Excellence）。微软董事长兼首席执行官比尔·盖茨将向优秀员工颁发这一奖项。按照规定，公司高管要提名他们手下的优秀员工参与奖项评选。然后，高管从所有候选人当中选出一位优胜者。在颁奖典礼上，主持人称公司所有岗位的员工都有资格参与评选，包括销售、财务和市场营销人员。最终，我有幸获得了比尔·盖茨董事长颁发的优秀奖，成为微软有史以来获得该奖项的第一人。

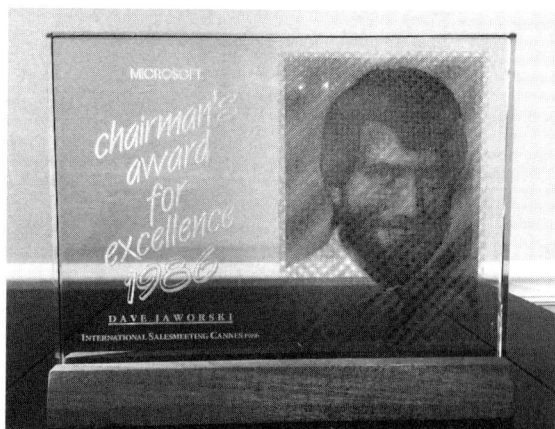

1986 年的董事长特颁卓越员工奖

1987 年，"董事长特颁卓越员工奖"被授予了两个人，一个是微软国际拓展部员工，另一个则是微软美国公司的员工。随着公司的不断发展，每年都有更多的人获得该奖项。几年前，在加拿大温尼伯举行的一场麦金塔用户组会议上，我结识了迪伦·丰塞卡（Dhiren Fonseca），并把他招入了微软。后来，迪伦也成为卓越员工奖获得者。1993 年，迪伦和我一起加入 Arabesque 软件公司，并发布了 Ecco 软件。一年后，Arabesque 被出售，迪伦又回到了微软。再后来，迪伦创立了 Expedia 公司并担任首席执行官。2014 年，在带领 Expedia 成为全球旅游业的主导力量之后，他宣布退休。

从左到右分别是多丽丝·杰克逊（Doris Jackson）、塔米·罗克（Tammy Roark）、迪伦·丰塞卡和西莉亚·佩吉特（Celia Paget）

员工、人际关系、创造力、敬业精神、诚信、解决问题的能力（尤其是和团队一起解决问题的能力），这些都是推动微软向前发展的最重要因素，在1985—1995年这段成长期更是如此。直到今天，对于任何想有所作为并成为本行业领导者的公司来说，它们依旧是必不可少的要素。

第 8 章
两岁小孩的智慧

我们最重要的人际关系源自家庭。

在加入微软的时候，我和苏珊已经结婚两年半了。我们的女儿詹妮弗（Jennifer）刚好 1 岁，第二个孩子也即将出生。

1985 年 9 月 1 日，阿曼达（Amanda）出生。两天后，苏珊带着阿曼达从医院回家，我对她说："我父母明天就到。"我以为父母来照顾苏珊就万事大吉了，于是提起行李就去了机场。

苏珊曾提醒我说，我们就要从家乡温尼伯搬到新的城市，但我还从没跟她谈论过新地方是什么样的。后来，当苏珊从温尼伯搬到莫诺米尔斯（Mono Mills）时，她已经怀孕 7 个月了。在多伦多郊区开始我们新生活的最初一段时间里，我经常出差，她则一个人被扔在新城市里，举目无亲，这导致我们之间的关系有点紧张。当时，我还没有意识到夫妻关系恶化所带来的影响。里奇告诉我，如果我一直这么拼命工作的话，是不可能维持好婚姻的。我当场驳回了他的观点，但事实证明，他的说法是对的。早年的拼命工作确实对我的婚姻造成了相当大的伤害。

我和妻子苏珊、女儿詹妮弗的合影

有天晚上，我和苏珊、詹妮弗坐在餐桌旁聊天。当时，詹妮弗只有两岁大。我对苏珊说："我经常在聊天的时候提到'微软'这两个字，我不知道詹妮弗是否明白它的含义？"

詹妮弗毫不迟疑地回答说："爸爸，我知道它的含义。微软就是你的家。"

苏珊看着我，用眼神告诉我，她没有教詹妮弗说这话，这是詹妮弗自己想出来的。

"不，詹妮弗，"我回答说，"那是爸爸工作的地方。"

"不，爸爸，"詹妮弗说，"那里就是你的家。"

我的内心顿时翻江倒海，充满了负罪感。

对于詹妮弗坦率而笃定的回答，我和苏珊都感到无比惊讶，而在整个交谈过程中，詹妮弗一直保持着忧伤的神情。她觉得自己只是陈述了一个事实，不明白我们为什么会感到惊讶。

一直以来，我在工作上顺风顺水，不仅获得了诸多奖项，上级对我的业绩评价也不错，而且我还获得了公司赠予的股票期权和晋升机会。然而，有得必有失。我和苏珊的关系日趋紧张，我的出差时间占到个人时间的 85%，她已经不指望我们能够保持亲密的关系了。在工作中我无往不利，而在家庭关系中却节节败退。我没有把更多的精力放在苏珊、詹妮弗和阿曼达身上，而是把全部精力都奉献给了工作，努力程度有增无减。我承认，我天生就有工作狂的倾向。当然，我对这件事的处理方式使情况变得恶化。当苏珊怀上了我们的女儿莎拉（Sarah）时，她甚至否认自己怀孕了。她说我经常不在家，她不可能怀孕。

我在办公室里向同事们宣布苏珊又怀孕时，他们同样表示不相信，还有人问我："你确定这是你的孩子吗？"因为类似原因，莎拉后来被大家戏称为"神奇的孩子"。似乎除了我以外，几乎所有人都意识到我的家庭关系已经变得多么糟糕。

丹尼斯·雷尼（Dennis Rainey）是美国学园传道会分支机构"家庭生活事工部"（Family Life）的首席执行官，该组织借助圣经引导人们建立正确的婚姻关系和家庭关系。几年后，我在机缘巧合之下结识了丹尼斯，并向他描述了我的婚姻所面临的挑战。丹尼斯问我是否有过外遇。这个问题很简单，我如实回答说："没有。"

他接着问道："工作呢？"

工作会妨碍我的婚姻？这着实让我吃惊。我从来没有想过自己的工作狂倾向会妨碍到我和苏珊的关系。我一心想和她建立最亲密的关系，却没想到自己一直在破坏我们的婚姻。我几乎把所有精力都投入微软的工作中，对于家庭却付出甚少。我发现，我很容易给自己设置一条"安全边界"，一旦我认为某些事情有可能遭到苏珊拒绝，我就会有所隐瞒，从而避免自己受到伤害。根据我自己的估计，我至少向她隐瞒了 5% 的事实。

丹尼斯说："如果苏珊觉得你隐瞒了 50%，你可别觉得太惊讶。"

大约就在同一时期，我的朋友史蒂夫·约翰逊（Steve Jonathan）和我探讨了生活中需要优先考虑的事项。约翰逊当过牧师，后来成为 2X Global 的总裁。他说，在婚礼上，我们对配偶作承诺时是以对方作为优先考虑事项的；然而，新婚宴尔之时，"优先"这个词意义并不是很大。因为在婚后的头几年里，很少有其他事物能与我们的婚姻关系竞争，所以我们很容易以婚姻为重。只有在我们面临艰难抉择、无法确定如何分配自己的时间和精力时，"优先"一词才会体现出它真正的意义。而艰难抉择的时刻通常发生在我们的事

业起飞和家庭成长阶段，此时会有更多的人和事情来抢夺我
们的时间。

　　在上帝的帮助下，我和苏珊没有分开。直至今天，我都
要感谢上帝挽救了我们的婚姻，帮助我们加强彼此间的关系。
这个过程要求我们敞开心扉进行深入讨论，年复一年不断地
祈祷，以及维持双方永不放弃的态度。本书[①]付梓之前，我
和苏珊的婚姻已经走过了 34 个年头。感谢万能的上帝。

学以致用

👆在你的个人生活和职业生涯中，你是否能够掌控那
　　些真正需要优先处理的事项？这些优先事项是什
　　么？你是如何处理它们的？

👆当人们关系破裂时，很多人会放弃一切去追求自己

---

① 指 2017 年英文版。

所爱的人。你要问自己一个问题：为什么要等到那一刻才做这件事？现在开始还为时不晚。关于这方面的话题，我推荐大家读一读安迪·斯坦利（Andy Stanley）的著作《选择欺骗：当家庭和工作发生冲突时，谁才是最终赢家？》（*Choosing to Cheat: Who Wins When Family and Work Collide?*）。无论是谁，只要愿意去改变自己，斯坦利都能够为他们提供必要的帮助和希望。

"道格与小气泡"

什么是"小气泡"？它就是微软标志中极具特色的字母"O"。后来，这个"O"被换成有点像"吃豆人"（Pac Man）的斜体字，于是我们在公司内部组建了一支乐队，并决定在乐队名称中继续使用这个气泡。微软认为是时候对公司标志做出改变了，而我们的乐队也决定推出自己的品牌。

MICROSOFT®

微软标志

1989 年，微软要在西雅图举行全国销售大会（National Sales Meeting）。为了迎接此次大会，我们成立了一支乐队，并起名为"道格与小气泡乐队"（Doug and the Blibbets）。1990 年，全国销售大会在夏威夷举行，我们的乐队再次出演节目。乐队成员包括主唱道格·马丁（Doug Martin）、负责弹奏声乐和打击乐器的黛安·康奈利（Diane Connelly）、负责演奏电子琴和声乐的乔·维特（Joe Vetter）、负责弹奏吉他和声乐的吉姆·维特（Jim Vetter）、鼓手马蒂·陶赫尔（Marty Taucher），而我则负责弹奏吉他和声乐。马克·迪基森（Mark Dickison）担任乐队经理，他是 Trifilm 的首席执行官，也是一名创意天才，我们为微软全国销售大会制作的内部"恶搞"视频全都出自他手。我们练习了好几个月，创作了34首歌曲，足够演奏一整个晚上。我们只表演了两次，但是非常值得。音乐演奏带给我们快乐，参加全国销售大会的所有人都玩得很开心。

在夏威夷举行的微软全国销售大会——两首乐曲之间的休息
时间

夏威夷演奏会让我损失惨重，我那把得心应手的芬达·斯
特拉托卡斯特吉他（Fender Stratocaster）（上图我抱着的吉他）
被偷了。也许它太爱夏威夷了，不舍得离开那里。不管怎样，
这把昂贵的吉他再也没有踏上归途。

说实话，当时我还打算再组建一支乐队并在全国销售大
会上演奏。我想，如果我演奏音乐的话，就不用跟其他女人
跳舞，这会让苏珊对全国销售大会的感觉好一些。但事实证
明，就算是这样也不管用。一想到我们所有人都穿着燕尾服，
在没有配偶陪伴的情况下举行通宵派对，苏珊就心生厌恶。
我明白她的感受。公司让我们告诉自己的配偶，不要出现在会场方圆 50 英里内，否则我们会有被解雇的风险。对于常年给予我们默默支持的家属来说，这真是个噩耗。员工们努力工作，而微软所取得的成就来自员工家属，它不属于某个人，甚至也不仅仅属于公司。员工们每周要工作很长时间，还经常要加班；这时候，他们的配偶就扮演着极为重要的支持者角色。她们理应获得公司的邀请，来和我们一起庆祝公司所取得的成就。

然而，在全国销售大会开幕数月前，微软就将大会宣传资料寄到员工家里，这种做法简直是在员工配偶的伤口上撒了把盐，这样一来她们心里要难过好几个月时间。

我最近看了一份机密研究报告。美国一家大公司曾对 8 万多名企业员工进行了内部调研，并对这些员工的健康做出评估。研究结果表明，员工在工作中面临的最大压力来自家庭关系。如果家庭关系良好，那么员工很容易集中精力，全身心投入工作，使工作变得富有成效。而如果家庭关系不佳，员工便要背负沉重的心理压力，需要解决各种棘手的家庭问题，那么工作也会干得极不顺利。

学以致用

☝ 对于那些在你生活中占据重要地位的人，你是否事事以他们为先？如果不是，原因何在？

☝ 对于支持你的团队成员完成出色工作的重要人士，你所在的公司是否对他们足够友好？

☝ 你的团队成员所面临的最大压力是什么？怎样才能帮助他们缓解这种压力？

第 9 章
高风险，高回报

在斯科特·冲和里奇·麦金塔从微软国际调到了美国营销部的同时，里奇私下对我说："我不打算提拔你担任加拿大分公司领导，因为我想在美国总部给你找一个最适合的职位，然后把你调过来帮我们。"

微软营销部门负责人马尔科姆·麦克塔格特（Malcolm Mac Taggart）晋升为微软加拿大分公司总经理。不久以后，里奇就如约打电话过来了。他说："我们希望把你调到洛杉矶，担任美国西部分公司总经理。"

当时，微软将美国市场分为西部、中部和东部三个地区，每个地区负责管理地理区域内的批发商和经销商，以及涉及企业客户、教育部门、州和当地政府的所有业务。埃德·约翰逊（Ed Johnson）是美国中部分公司的总经理，迈克·阿佩（Mike Appe）则是美国东部分公司总经理。里奇要我领导西部分公司。保罗·博登（Paul Burden）和他的团队负责华盛顿特区所有与联邦政府相关的业务。

由于西部分公司拥有得天独厚的优势，公司最终把美国市场 80% 的批发商和经销商预算分给了我。要知道，英迈公司（Ingram Micro D），Softsel，Merisel，以及 Egghead 软件公司，Businessland，ComputerLand 和其他公司的总部都位于美国西海岸，而它们都是我们的主要批发商。西部分公司还开发了微软在全球范围内最大的企业客户波音公司（Boeing），并为其提供软件服务。

波音公司位于西雅图地区，办公室就在微软公司总部的后面，而这恰恰就是问题所在。在电子表格方面，波音公司使用的是莲花 Lotus1-2-3 软件；文字处理则采用的是 WordPerfect。他们从微软购买了大约 10 万美元产品，以波

音的规模来说，这点采购量微不足道，但对我们来说，它是
一个潜力巨大的客户。

我们在西雅图地区没有设立销售办事处，美国西北部分
公司的销售工作是由微软旧金山办事处完成的。我们已经获
悉莲花公司和 WordPerfect 公司都计划在微软的大后方开设
办事处。

微软总部的产品经理随意进出波音公司。他们知道波音
潜力巨大，是当地企业的翘楚；但他们不知道的是，这种"来
去随意"的做法被波音视为无礼行为。

我把 Citation 软件公司的同事劳埃德·威廉姆斯（Lloyd
Wilhelms）招进了西部分公司。劳埃德一直与摩托罗拉
（Motorola）保持着良好的合作关系，在企业客户销售方面
成绩斐然。在美国西北地区市场，他为我们各项业务建立了
稳固的基础，并招募了一支强大的营销团队。在跟波音公司
的一次会面中，劳埃德与波音的 12 名电脑服务经理进行了
面谈。他们告诉劳埃德，由于微软公司员工经常不请自来，
他们已经准备禁止微软员工进出波音的工作场所。劳埃德向

他们保证说，我们会约束员工的行为。他听取了对方的忠告，并制订了一份计划，让自己的团队成员向波音团队展示对方感兴趣的产品。当时，波音公司正在开发波音 777 客机项目，劳埃德的团队全力争取这个合作机会。波音已经在使用麦金塔电脑来完成部分设计工作，在劳埃德、系统工程师汤姆·戴维斯（Tom Davis）和产品演示专家辛西娅·斯科特（Cynthia Scott）的努力下，微软终于赢得了一笔来自波音的大单。劳埃德和他的团队继续深挖波音的潜力，并任命卡罗琳·哈撒韦（Carolyn Hathaway）担任波音客户经理，为微软管理和开发这家大客户。卡罗琳在加入微软之前曾供职于数字设备公司（Digital Equipment Corporation，简称 DEC），而她在那家公司就负责波音公司的业务。劳埃德和他的团队不断倾听客户的心声，激发客户对微软产品的兴趣，正确演示产品，并给波音提供出色的系统工程支持，因此，波音决定继续与微软合作，并成为微软在全球范围内增长最快的企业客户，同时也是微软最大的客户。当初差点被拒之门外的微软员工也成为波音的座上宾，受邀参加波音公司的战略规划会议。

获得成功的同时，劳埃德也付出了代价。他和团队成员告诉产品经理和项目经理，想要跟波音合作，就必须通过他们去跟波音沟通。微软内部很多人都认为劳埃德在玩权力游戏，但事实并非如此。风险是切实存在的，微软很可能会失去波音这个大客户，劳埃德和他的团队深知这一点。尽管他们的努力没有赢得微软内部某些人的青睐，但在那段艰难时期里，他们在波音的客户关系管理方面做得相当完美。

劳埃德及其团队邀请波音访问微软公司，并安排了高层简介会，让波音高级 IT 经理与微软高层和产品研发团队直接进行交流。对于双方公司来，这样的会面是双赢的。波音公司看到了我们的产品战略，并发表了他们自己的观点；而我们的产品研发团队能够直接从客户决策层获得反馈信息。后来，这种邀请客户高层访问微软的做法得以延续下来，成为微软重点营销方案"高层会面"项目（Executive Briefing）的起源，并一直沿袭至今。

从波音公司这个案例，我们意识到自己必须改变与企业客户打交道的方式。微软和软件行业的其他公司大约每 18 个月就会发布一款主打产品，由于各个公司每次发布的产品不同，微软无法针对发布周期编制精确的预算。于是，劳埃德的团队与里奇·麦金塔合作，和波音一起制订了"微软批量许可计划"（Microsoft Volume Licensing Program）。该计划允许企业客户每年根据每份软件许可证向微软支付一笔固定费用，无论这些软件何时发布，企业客户都有权利使用它们。批量许可计划还让企业客户能够每年更均匀地分配软件预算，而不是疲于应付毫无规律的软件发布周期。对个人电脑软件行业来说，批量许可计划具有开创性意义。

微软为个人电脑软件公司所做的另一项重大变革就是向企业客户销售产品，并且强调与企业客户直接发展关系。在此之前，企业客户使用的大部分软件都是通过批发商和大经销商采购的。很多个人电脑软件公司与批发商和经销商建立了合作关系，但它们还没有企业客户。这使我们所有软件企业都处于非常不利的地位，因为像 IBM 这样的公司不仅直接与企业客户打交道，而且经常在大企业客户周边设有办事处。只要建立一支销售队伍，直接与最大的企业客户打交道，我们就能更快、更准确地从这些关键目标受众那里获取信息。我们能够直接向企业客户进行销售，而不必依赖间接渠道。在将这个想法付诸实施的同时，我们还是继续通过大经销商销售产品，他们与我们的团队有战略合作关系，我们各取所需。

微软美国西部团队（PacWest Team）在 1989 年的合影，后排
右一就是劳埃德·威廉姆斯

里奇要求我在美国西部市场再次上演后来者居上的好
戏。我接替的那位总经理正深陷性骚扰诉讼中，该区域的实
际销售额已经落后于计划，排名倒数三甲。按照里奇的计划，
我要在洛杉矶工作个三五年，然后再调到位于华盛顿州雷德
蒙德市的微软总部。

我们西部区域的办公室最初设在加州的埃尔塞贡多（El
Segundo），附近有很多航空公司。后来，我们又搬到了北
部的霍华德休斯中心（Howard Hughes Center），那里距离

洛杉矶国际机场（LAX）只有几分钟的车程，旁边就是繁忙的 405 号州际高速公路。我的办公室位于办公楼的圆形转角处，而且我们所在楼层带户外阳台，外面的景色一览无遗，我真该把自己的办公室租出去，那里简直就是洛杉矶的顶级楼盘。

当时，微软开始向美国企业界进军，微型计算机的未来和比尔·盖茨所期盼的愿景正在到来。但有一天，这个愿景又变得不太现实。

我们在霍华德休斯中心的办公室位于王安大厦。王安电脑公司（Wang Laboratories）是专业办公设备的主力军，它们的电脑以文字处理见长。20 世纪 80 年代初，王安电脑公司达到巅峰，公司年营收额为 30 亿美元。1989 年的某一天，当我们到公司上班时，王安电脑公司的员工们从大楼里蜂拥而出，怀里端着纸板箱，里面是他们的办公用品。

"怎么了？"我问其中的一名员工。

"个人电脑正在取代专业的王安文字处理机，"他回答说，"我们都失业了。"

我没有再问其他问题。软件和个人电脑取代人类并给世界带来了巨大的影响，这一幕已经切切实实发生在我面前。这些所谓的知名企业选择了"安全"的发展道路，然而路已经走到了尽头。我从那天起就更加清楚地认识到，为了生存和持续发展，企业需要不断地重塑自我。

学以致用

🖐你是否有合适的团队为最重要的客户服务？
你是否能从战略角度为大客户提供服务，而不仅仅是做它们的供应商？

他山之石，可以攻玉

成功通常源自借鉴其他行业的经验。斯科特·冲的女朋友、后来成为他妻子的劳丽（Laurie）在化妆品行业担任行政主管，在她的帮助下，我们的"区域销售代表"培训项目（Area Sales Representative）借鉴了化妆品行业为百货公司配备兼职销售人员的方式。我们了解到化妆品公司是如何扩大知名度，以及如何通过其兼职销售人员为零售客户和终端用户提供服务的，然后在战略层面加以借鉴，提升我们在市场上的知名度和服务水平。我们聘用了一支兼职员工队伍，并指导他们成为一线销售人员，直接为我们所有经销商提供服务。从"区域销售代表"培训项目涌现出来的优秀员工将转为全职销售，甚至成为行业内的高级管理人员。

另一个重要的经验来自一家欧洲顾问公司。在微软举行的一场销售会议上，该公司的顾问出来发言。他们强调说，我们要以行动来衡量我们想实现的行为，而不是评估那些"马后炮式"的数据。传统的财务销售报告只能表明你做过了什么，这种就是"马后炮式"数据。然而，假如能够弄清楚哪些行为促使我们得到了自己想要的结果，那效果会更好。请和你的团队一起评估和汇报那些统计数据。

这能让我们更加接近实时的结果，并制定实时奖励措施，从而创造出取得成功所需的行为。化妆品行业就是用这种方式衡量店内销售代表业绩的。想追求极致的成就，你就得最大限度地与受众分享自己的想法。我们制订了一个计划：通过大量演示和示范来培训经销商，使经销商接受我们的想法，以此促进销售增长。对于区域销售代表，我们就是这样做的。我们注重店内走访，并通过产品演示来培训软件零售人员。我们测算了活动统计数据，包括走访次数、演示和示范次数。这些统计数据大小决定了销售活动是否能取得成功，而我们付给兼职销售代表的工资也是以这些指标为基础的。

学以致用

🖑 你能从其他行业学到有用的经验吗？为了保持
自身企业的影响力，你是否定期地重塑企业？
或者让别人为你做这件事？

第 10 章

培训、培训、再培训

微软的工作经历让我掌握了很多成功的原则，其中之一就是认识到培训的重要性。加入微软之前，我就已经在泛西人寿保险公司学到了这一点。泛西人寿把培训视为企业取得成功的关键因素，它的部分培训是用计算机进行的。随着公司大量引入微型计算机，上级要求我制订一个完整的培训计划，帮助泛西人寿的员工学习使用这些新机器。我们将培训外包给一家名为 CDEX 的公司，他们使用苹果 II 代电脑给员工做培训。外包培训的做法使得我们的项目进度得以提前，而且实际费用低于预算。

1985 年 3 月 1 日，我正式成为微软团队的一员。里奇·麦金塔很重视培训。同年 4 月 25 日，他叫我参加名为"时间：来自优先事项管理系统的教科书"（Time:Text from Priority Management Systems）培训。事实上，里奇让团队中的每个成员都参加了这场培训。它成为我们管理和交流信息的标准模式。我们采用了培训方提供的项目管理模板、沟通规划工具、会议规划工具、出差规划工具等。这些工具赋予我们共同语言和工作流程，我们还从中学到一个经验：标准化系统不仅能形成杠杆作用，而且还可以提升速度。领导力专家齐格·齐格勒（Zig Ziglar）曾经说过："使用哪种系统不重要，重要的是你要使用系统。"而微软取得成功的关键就是让整个团队使用同一个系统。

作为一支充满求知欲的年轻团队，我们希望利用好一切机会，使自己在竞争中处于优势地位。哪些任务有待完成、如何确定任务的优先顺序，这些都是优先事项的价值所在，而学习如何优先分配任务已经成为一种谋生技能。

当我前往洛杉矶入职微软时，我再也无暇兼顾待办清单上的所有事项了。我想突破这个障碍，但实际情况比我想象的要难得多。我不希望自己失职。我想起电视节目《露西秀》（*Lucy Show*）里面的一个画面：露西和维维安（Vivian）在一家糖果厂里干活，糖果在传送带上流动的速度超过了她们包装糖果的速度，导致糖果落在地板上，弄得车间一片狼藉，混乱不堪。我有时候也会产生这种混乱感。不过，我从"优先事项管理"课程（Priority Management）学到的技能有助于我评估哪些事情是应该优先做的、哪些事情的优先程度可以降低，以及哪些事情可能不用做（既然不用做，那就从待办事项清单中删除掉）。

"优先事项管理"并不是我们在微软接受过的唯一培训。事实上，这只是个初始课程，因为微软很注重对员工的持续培养。后来，我们还参加了"Acclivus 销售培训"（Acclivus Sales Training）、"Communispond 演示培训"（Communispond Presentation Training）、杰夫·戈弗斯（Jeff Goforth）主讲的人类潜能和目标达成培训，以及比尔·迈耶（Bill Meyer）为我们销售主管量身定制的培训单元课程。我们还邀请《高效能人士的七个习惯》（*Seven Habits of Highly Effective People*）一书作者史蒂芬·柯维（Stephen Covey）来给我们讲授他的方法论，并聘请尼尔·拉克汉姆（Neil Rackham）

来讲解他的大客户销售方法：SPIN 销售法。

　　微软甚至为自己的客户提供培训。我们创办了微软大学
（Microsoft University），并且在 9 个地方开设了分校，包括
美国以外地区。微软大学的重点培训对象不是公司内部员工，
而是我们的客户，尤其是企业客户。安泰人寿保险公司（Aetna
Life Insurance）是微软当时最大的客户，我们为安泰提供系统
架构培训。由于当时美国企业的软件开发人员大多使用
COBOL 语言进行编程，所以，我们为它们提供系统架构培训
的目的就是让这些开发人员转而采用微型的计算机编程工具。

道格·马丁扮演电视节目《周六夜现场》（*Saturday
Night Live*）中的角色"教堂淑女"（Church Lady）

　　此外，微软通常采用寓教于乐的方式对员工进行培训。举
个例子：我们全国销售大会培训课堂经常会模仿《周六夜现场》

的话题和其他流行的社会话题。有一次，我饶有兴致地穿上鲨鱼装，走到麦克风前，重演了《周六夜现场》最著名的"蜜糖传情"一幕。从那以后，同事们给我起了个外号叫"假鲨鱼"[①]。遗憾的是，我找不到这次活动的照片了，你只要想象我全身穿着鲨鱼服的样子就行，那感觉实在是太棒了！

我们的每届全国销售大会都要组织多次培训课程，这已成为标准惯例。我们采用各种培训方式，既有传统的，也有游戏场景式的，比如玩类似于《危险边缘》（*Jeopardy*）游戏节目或模仿当时所流行的其他游戏节目，而且游戏中提出的问题都与我们想灌输给销售团队的知识有关系，这样就使培训内容变得更加有趣难忘，并确保我们整个团队能获得一致的信息。这样的培训有助于微软创造卓越业绩。

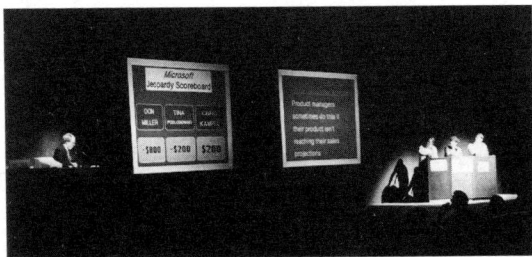

全国销售大会现场

---

① 作者的姓是 Jaworski，鲨鱼的英文为 Jaws。

在预算紧张的时候，培训通常是第一个被削减的项目。但是，就算真要削减预算，培训也应放在最后一位。企业要对员工持续不断地进行培训，因为培训能让企业变得与众不同。如今，绝大多数企业和团队比以往任何时候都更注重精益化管理，这时候培训就显得尤为重要。通过培训，企业可以让一个年轻的团队从激烈的市场竞争中脱颖而出，帮助员工取得个人成长和职业生涯成就，并彰显企业对员工的关怀。

我们怎样才能知道自己的团队需要什么样的培训呢？在微软任职期间，我学会了一种快速评估方法，即评估员工的绩效差距是否是由他们的主观意愿或技能造成的。通过调查工作环境中的激励因素、员工的个人生活和职业生涯，我便能了解到员工的主观意愿，也就是他的工作态度。另一方面，员工技能是需要通过一对一辅导和技能培训来提升的。

学以致用

👆 你是否为团队成员提供了培训机会，以提升他
们的技能和企业的整体水平？你是否定期对团

队进行评估，以确定培训可以在哪些方面发挥
作用？团队成员之间是否存在激励因素（即主
观意愿）或技能方面的差距？这种差距是否可
以通过培训加以解决？

选择快乐

微软的培训包括一些区域性的特殊活动。有一次，我们
团队前往位于西雅图西部的皮吉特湾岛屿上开展培训。后来
成为微软团队员工的道格·麦肯纳（Doug McKenna）是此
次培训的顾问，他带领我们团队在一个车间里做手工。几分
钟过后，道格就从车间领导变成了赛车手，开车载着我一路
飞奔，把我从风景如画的勒德洛港（Port Ludlow）送回了家。

我祖母身体一直不太好，苏珊给我发了条信息，说家里
有急事。我立刻给她回了电话，听到她在电话另一头哭泣。
我还以为我祖母去世了，没想到苏珊的回答出乎我的意料。
她说我父亲刚打电话过来，他没有说祖母的情况，反而提到

了我的弟弟韦恩（Wayne）。韦恩几天前咳嗽不止，于是到医院检查身体。那天，他接到医生的电话，医生说体检结果表明他患了白血病。韦恩的病情已经发展到了晚期，医生不确定他还能活几个小时。我瘫倒在地板上，不由自主地抽泣起来。我和弟弟的关系非常好。就在几个月前，韦恩和他美丽的未婚妻凯茜（Kathie）刚刚结婚。他患白血病的消息让我感到很震惊。

道格开足马力送我回家。当他像马里奥·安德雷蒂（Mario Andretti）①那样飙车的时候，我忙着给航空公司打电话，然后跟住在俄勒冈州罗斯堡（Roseburg）的弟弟格里（Gerry）协调时间。我们能及时赶回老家探望韦恩吗？谢天谢地，上帝给了我们时间。

我们回到家乡加拿大曼尼托巴省温尼伯市。在圣博尼费斯医院（St. Boniface Hospital）停车场，我短暂休息了一会儿，准备与韦恩见面。他已经奄奄一息了。我们需要与时间赛跑，和医生一起想办法救他的命。那段时间我在看蒂姆·汉塞尔

---

① F1世界冠军及印地500冠军。——译者注

（Tim Hansel）的著作《神圣的汗水》（*Holy Sweat*）。蒂姆是登山爱好者，他在一次登山过程中坠下山，背部严重受伤，伤痛注定要伴随他的下半辈子。尽管如此，他还是说："在生命中的任何一个时刻，我们既可以选择快乐，也可以选择痛苦。我选择快乐。"他所说的快乐不仅仅是高兴，而是一种更深层次的情感。我问自己：弟弟快要死了，我怎么能快乐得起来？我一边为韦恩祈祷，一边下决心照料好我的父母、韦恩的妻子凯茜，以及仍处在震惊和悲痛中的其他亲友。

作为韦恩的兄弟，我、里克和格里都是潜在骨髓捐赠者。我们通过了第一阶段样本检测，这给了我们一点希望。韦恩接受了几轮化疗，癌症恶化速度有所缓解，我们便心怀更大的希望。但是，化疗也彻底摧毁了韦恩的免疫系统，他患上了一种通过空气传染的疾病，这种病菌平时也存在于空气当中，只不过免疫系统完好的我们没有受到影响而已。然而，韦恩的免疫系统已经失效，病菌侵入他的身体，在体内扩散。

在我得知韦恩患病 46 天后，他被上帝召回了天堂，那天是 1990 年 5 月 3 日。这些年来，我一直都很想念他，经常回忆起他的音容笑貌。在那段时间里，我感悟到了一个道理，它成为我在微软剩余任期内的一项基本原则：在生命的任何时刻，我们既可以选择快乐，也可以选择痛苦。我选择快乐。

学以致用

🖐 选择快乐。

第 11 章

比尔·盖茨：活到老、学到老

人们经常问我的一个问题就是："和比尔·盖茨一起工作是什么感觉？"

这些年来，坊间流传着很多关于比尔言论过激的故事。比尔是一个极其聪明之人，其聪明程度远非一般人可以企及。无论旁人谈论什么话题，他都能迅速理解话题的含义，并且在脑海中迅速形成结论和疑问。员工在向比尔做陈述时，会发现他看陈述材料的速度非常快，有时甚至提前看了20多页，然后根据看过的内容向员工提问。

比尔经常会情绪激动地说："这是我听过的最愚蠢的事

情！"有些员工以为比尔说这番话是针对他们的，但他本意并非如此。假如比尔对你的评价充满火药味，你最好先思考以下几个问题：

1. 他说得对；

2. 我的观点是对的，但我没有说服他，或者没有跟他进行有效的沟通；

3. 或许我们两人各对了一半。

然后，尽快向比尔提问，了解他真实的想法，确定上述哪种假设是成立的，最后给出相应的答案。

类似的互动通常也出现在业务回顾当中，而事实证明，这些互动沟通都是绝佳的学习机会。

比尔擅长战略性思维，他手里总是有一份五年计划，每当计划快完成时，他就会制订下一个五年计划。比尔每年都会留出一个"思考周"，在这一周时间里，他会阅读资料、研究软件，其主要目的还是从微软的日常事务中抽出身来，为公司发展做长远规划。对于比尔来说，这一周时间不是用来度假的，而是进行深入思考的。"思考周"过后，比尔通常都能为团队甚至整个公司制订一份或多份战略备忘录。

随着微软在全球扩张业务，比尔意识到我们的战略是正确的，他要充分发挥这套战略的优势。他告诉我们，他在自家车库挂了一幅世界地图，这样，在每次回到家和离开家的时候他都能看到这幅地图，从而一点一点地加深自己对各国市场的理解。他总是在学习并拓展自己的视野，这激励着我们所有人效仿他的做法。我相信，这也是他与我们分享类似故事的原因。

比尔身边有很多聪明人，他鼓励人们质疑他的想法，然后得到最合理的方案。比尔知道自己的想法不一定是对的，他只是希望群策群力，使最佳答案浮出水面。比尔·盖茨还知道，短期策略非常重要，它们是实现长期重大策略的基础。例如，为了在市场上获得战略地位，微软曾多次采用"拿来主义"战略。想想看，微软借鉴了 Lattice 的 C 编译器，开发出属于微软自己的 C 语言编译器；微软还借鉴了 Microrim 的 RBase 数据库平台，经过改造后作为微软 RBase 数据库产品出售。微软对市场和客户需求的了解程度越来越深，最终找到了自己的解决方案。还有些时候，微软寻找某个行业的领军企业，然后收购这家公司和软件开发人才，深挖内部潜力，拓展软件平台。例如：微软收购了 Forethought 公司，并将该公司的 PowerPoint 软件纳入麾下。PowerPoint 是由 4 名程序开发人员共同研发的，它最初出现在麦金塔电脑上，后来被移植到了兼容电脑平台。直至今天，PowerPoint 仍然是同类软件中的标杆。

微软还收购了布莱恩·麦克唐纳（Brian MacDonald）的项目管理软件 Project，然后任命布莱恩负责打造微软桌面信息管理器 Outlook。在微软的发展史上，像布莱恩这样的人才多次发挥过重要作用。2001 年，布莱恩离开微软。2007 年 2 月，他与微软负责 BING 搜索引擎的研发主管萨提亚·纳德拉（Satya Nadella）相识，并给纳德拉写了一份长达 10 页的论文，论述微软搜索业务面临的机遇和挑战。于是，纳德拉重新聘用布莱恩为微软工作。

美国前总统罗纳德·里根（Ronald Reagan）的办公桌上写着这样一句座右铭："抛弃名利之心，你将无所不能。"他还有一句座右铭同样重要："优秀领导者从不把下属的功劳据为己有。"弗兰克·高德特曾说过："员工是我们的最大财富。"此言不虚。

学以致用

☞你每年的工作计划中是否预留了"思考周"？

如果没有，你最快什么时候能预留出来？

如何获得每年 700 多个小时的个体生产力和职业生产力

你在自己车里住过吗？我就有过这种经历。在微软洛杉矶分公司任职期间，我每天的上下班时间就至少要花 3 个小时。每天上下班时，我开车行驶在 405 号州际公路上，而且经常要以龟速经过 405 号州际公路和 101 号州际公路互通处。据说，每天通过 405/101 高速互通的车辆比美国其他任何地方都要多。正如电影《上班一条虫》（*Office Space*）中所描绘的那样，就连乘坐助步车的人都能比汽车更快地通过那里。

道路封闭是常见的事，每次遇到这种情况，交通基本都会陷入停滞。刚到洛杉矶的时候，我发现那里堵车居然能堵到深夜，着实让人感到惊讶。

既然要在车上待这么长时间，我决定利用它来好好学习。当时，厄尔·南丁格尔（Earl Nightingale）和劳埃德·科南特（Lloyd Conant）是个人和职业发展领域的领导者。他们创立的企业南丁格尔—科南特集团（Nightingale-Conant）提供了大量音频培训资料和有声读物，这些学习资料每天都让我获益匪浅。在长时间驾驶过程中，我把它所有的培训目录都听完了。从这件事中我总结出一个道理：只要我们愿意克服困难，就能够跨越任何障碍，化逆境为顺境。

我们经常在新闻广播中听到一些统计数据，比如："与那些生活在空气洁净的城市的儿童相比，洛杉矶儿童的肺活量低 15%。"有些脱口秀节目谈到洛杉矶暴力事件时，开玩笑说，我们汽车保险杠的贴纸内容通常是"掩护我变道"以及"如果你的枪支要重新上膛，请按喇叭"。听了这些广播或脱口秀节目之后，我们就打算从洛杉矶搬走了。我们家每年都要去一趟迪士尼乐园旅游，那里的"奇幻王国"（Magic

Kingdom）令人陶醉。然而，有天晚上发生的事情让我对洛杉矶彻底绝望。那天晚上 8：30，我带着孩子们站在一家大型购物中心对面的十字路口等红灯，街上车水马龙。我瞟了一眼右手边，发现一群人围在一台自动取款机附近，那里有个年轻人躺在血泊中，他在取款时被人枪杀了。这起谋杀案居然在众目睽睽之下发生，而且是在一处熙熙攘攘的街角。在我看来，洛杉矶的治安已经失控了。

我们在洛杉矶生活了一年半以后，里奇打电话告诉我："你已经出色完成了任务，现在我要把你调到总部工作。"我终于松了口气，但这次调动的时机不太合适。我和苏珊的第四个孩子就要出生了，预产期定在 1989 年 9 月份。苏珊对我说，她可不想又在孕期搬家，我把她的话转达给了里奇。9 月 19 日，乔纳森（Jonathon）出生，我们那年年底开始搬家。能够逃离洛杉矶，把家搬到风景秀丽的美国西北部地区，我和苏珊都很高兴。

我们先是住在华盛顿特区的贝尔维尤市（Bellevue），那里距离微软总部很近，而我每天上下班的通勤时间也从 3 小时缩短到了 18 分钟。我感到很高兴。很快，我又在雷德蒙德找了个新家并搬了过去。雷德蒙德是微软总部所在地，我的通勤时间顿时锐减至 5 分钟！居住地的选择也许很简单，但这个决定却能够彻底改变你的生活。新的居住地不仅缩短了我的通勤距离，而且也增加了我和家人相处的时间，我能够经常跟苏珊和孩子们一起吃午餐，享受一家人其乐融融的时光。

新的职责促使我孜孜以求地学习新知识。调到总部后，我担任微软美国销售运营部（US Sales Operations）的总经理，手下有 11 名直接下属，每名下属都肩负着不同的工作职责，这更突出了我的职责的重要性。我们的团队职责包括售后服务、内部销售、系统工程师培训计划、产品系统工程（SE）培训、现场销售培训、业务审核委员会（新品上市前，负责协调产品市场营销与一线销售单位之间的工作）、销售和系统汇报等。那时候，微软美国销售运营部的员工有 500 多人。

斯科特·冲和里奇·麦金塔教会了我们很多关于战略方面的知识。我们对所有竞争对手进行了 SWOT 分析，包括它们的优势、弱点、机会和威胁。我们引进了杰出的培训师，比如尼尔·拉克汉姆及其专门针对大客户的 SPIN 销售培训。斯蒂芬·柯维出版了他的著作《高效能人士的七个习惯》，我们请他来给员工们作演讲。我们还从私营企业和上市企业的损益表倒推竞争对手的经营状况。私营企业的信息较难获取，所以我们只能从所有可能的来源或公开声明中收集线索；然后，我们想方设法寻找它们的"阿喀琉斯之踵"，着重强调我们的优势和对方的劣势。优劣对比越明显，顾客就越重视我们提出的观点，我们就能更快地败竞争对手。

我们用这种方法去追击行业内的主要竞争对手，包括在电子表格领域靠 Lotus1-2-3 软件占据半壁江山的莲花公司、以开发网络产品著称的 Novell 公司，以及 Borland 公司。

学以致用

☞ 从自己所处环境中，你能够创造出哪些学习机会？

☞ 你如何利用战略优势为自己所在企业创造有利条件？你是否对自己所在企业和竞争对手做过 SWOT 分析？

第 12 章
了解自己

从本质上说，微软是一家 API 公司，这里所说的 API 是 Application Programming Interface（应用程序编程接口）的缩写，即电脑程序员可以针对某个程序接口编写代码，从而使用底层系统的功能。虽然消费者并不知道 API 是什么意思，但他们可以从中受益。API 就是微软"皇冠上的明珠"，而微软的主要竞争对手之一 Borland 已经开始觊觎这颗明珠。因此，我们将 Borland 视为微软的大敌，并对 Borland 采取了相应的行动。

保护"皇冠上的明珠"

为了弄清楚 Borland 涉足 API 业务会对微软形成多大影响，我们首先要了解一些技术背景信息。在接下来这几页内容里，请各位读者不要走神，因为类似经验可能会对您所在的企业和行业非常有帮助。

战略信息

DOS、OS/2 和 Windows 等操作系统让程序能够与程序接口对话，并获得底层系统的大量功能。后来，Windows 和麦金塔系统向图形用户界面转变。除了视觉上的改变以外，图形用户界面还有巨大好处。程序员能够借助通用组件来显示菜单、窗口和对话框，而这些组件可以用于各种不同程序，即使不同企业开发的程序也可以通用。在计算机后台，操作系统开发人员不必像程序员那样为每一个程序编写打印机驱动程序、屏幕和字体驱动程序和外设驱动程序，而是一次性把程序编写完毕，然后向所有程序提供易于调用的接口。与早期软件开发人员不得不单独编写数百个打印机驱动程序相比，这种杠杆作用使软件变得价格更低廉、性能更可靠、推向市场的速度更快，并且使开发软件的方式变得更加灵活。每当有新款打印机出现在市场时，操作系统只需对其进行识别，其他程序就可以连接并使用打印机，所有人都很轻松。

我刚加入微软的时候，公司有且只有一款大卖的软件，那就是 DOS 软件。DOS 是"磁盘操作系统"的缩写，它起初是以软盘为载体的，后来发展到以计算机硬盘为载体。DOS 是一个 50K 的程序；也就是说，只需 5 万多个字符，就可以使计算机充满活力，能够处理软件程序和界面发给硬件的指令。

尽管 DOS 是微软早期成长的动力，但微软并不是从零开始打造 DOS 系统的。那时候，IBM 准备向市场推出一款新型的个人电脑，急需一套可应用于该款电脑的操作系统。加里·基尔代尔（Gary Kildall）开发的 CP/M（Control Program for Microprocessors，"微处理器控制程序"）是最初应用于 IBM 个人电脑的操作系统。当时，约翰·埃克斯（John Akers）担任 IBM 公司总裁，他与比尔的母亲玛丽·盖茨（Mary Gates）同为全国联合劝募会（United Way）董事会成员。在评估 IBM 电脑该选择哪种操作系统的过程中，玛丽建议约翰

和她儿子的公司谈一谈。现在回想起来，我们认为加里·基
尔代尔犯了一个错误。当 IBM 的代表来找他时，他没有跟他
们见面，而是去开飞机了（加里是一名飞行员）。吃了闭门
羹的 IBM 只能考虑采用另一种解决方案。

蒂姆·帕特森（Tim Paterson）研发了一款名为 QDOS
的磁盘操作系统，微软花 5 万美元买下其版权，并根据自
身需求对系统进行了修改，MS-DOS 系统（Microsoft Disk
Operating System，微软磁盘操作系统）便由此脱胎而来。
然后，微软授权 IBM 将 MS-DOS 用作个人电脑磁盘操作系
统。蒂姆后来离开微软，创建了自己的猎鹰科技公司（Falcon
Technology，又称猎鹰系统公司 Falcon Systems）。微软跟蒂
姆签订外包协议，委托他的公司为微软新款电脑 MSX 接口
编写程序，这款电脑是专门为日本和其他市场开发的产品。
微软与 ASCII 合作，采用 ASCII 微软 8 位编码编写程序。
1986 年，微软收购了猎鹰科技公司的全部股份，为全部版本
的 MS-DOS 系统获得免费许可证。随后，DOS 系统成为微
软的拳头产品。

在对 DOS 进行过几次改版之后，微软重新推出一款名

为 OS/2 的操作系统，这是微软和 IBM 联合开发的产品，它将极大地扩展新上市硬件的能力。然而，即使像微软这样的公司，也无法克服某些问题。IBM 的工程师就像是有点坏心眼的漫画人物迪尔伯特（Dilbert），他们的薪酬水平和奖金是与他们所编写的代码行数成反比的，因为在软件开发过程中，完成一项任务所使用的代码通常是越少越好。与此同时，IBM 还要为市场上现有的大量设备提供支持服务。所有这一切都延缓了 OS/2 的开发进度。

与此同时，微软正在开发一种被称为 Windows 的新型操作系统。比尔·盖茨和史蒂夫·乔布斯曾拜访过施乐公司（Xerox）的帕洛阿尔托研究中心（Palo Alto Research Center,PARC），并发现施乐正在研发窗口化界面、鼠标等输入设备和其他技术。受此启发，微软于 1983 年发布了 Windows 操作系统，而苹果紧接着在 1984 年发布了麦金塔操作系统。不过，Windows 直到 1985 年 11 月才真正上市，比微软预期的时间要晚一些。

即使是在 Windows 发布之后，微软和比尔·盖茨仍然对 OS/2 充满了信心。1988 年，微软发布了 OS/2 系统 1.1

版本，该版本提供了真正的多任务处理功能，使计算机能够同时完成多项任务。在其他个人电脑操作系统中，应用程序在后台运行时其实已经暂停了，直至回到前台时才被重新激活。因此，包括绝大多数微软内部人士起初都认为OS/2 将是未来企业的主流个人电脑操作系统，甚至连比尔·盖茨也这样认为。然而，由于 OS/2 操作系统需要相关设备支持，而微软和 IBM 两家公司在共同开发系统的过程中产生了很多问题，所以，OS/2 系统的灵活性和速度远远及不上 Windows 系统。最终，微软在 Windows 系统中添加了真正的多任务处理功能。

微软发布 OS/2 操作系统的时候，史蒂夫·乔布斯已经离开了他一手创立的苹果，并创建了 NEXT 公司。他以 Unix Mach 为基础，打造了 NEXT 操作系统。甚至连比尔·盖茨都说史蒂夫的选择很明智，因为在他看来，Mach 是当时最好的 Unix 版本之一。它也提供了真正的多任务处理功能，与 OS/2 非常类似。比尔预言说，Unix 将在服务器领域占有一席之地，并多次公开谈到这一点。他还认为，除了微软和苹果提供的产品之外，市场上没有其他桌面操作系统生存的空间，并且预测 Unix 桌面系统将无法与微软和苹果的操作系统抗衡，即使是 IBM 或 NEXT 也不例外。

时间证明了比尔·盖茨针对 Unix 系统的两个预测都是正确的。由林纳斯·托瓦兹（Linus Torvalds）编写的 Linux 系统就衍生自 Unix，它已成为当今互联网服务器的主流操作系统。Linux 和 Unix 上运行的 Apache 和其他模块为大部分网络服务器提供了动力。市场已经容不下第三款标准化的个人电脑桌面，史蒂夫的 NEXT 无法打开市场，他只能另寻捷径。

史蒂夫重返苹果公司之后，NEXT 操作系统被苹果收购，变成新的麦金塔操作系统。因此，虽然 NEXT 操作系统未能成为第三种桌面标准，但它以更强劲、更全能的多任务操作系统取代了以前的麦金塔桌面操作系统。Windows 操作系统具有很强的灵活性，而且有大量软件开发人员不断完善该系统，使其发展速度加快，灵活性更强。Windows 操作系统凭借这些优势力压 OS/2 系统，而从 Windows 3.11 版本开始，OS/2 的多任务智能模块和网络功能被移植到 Windows 系统中，这一版本的 Windows 也被称为"面向工作组的 Windows"（Windows for Workgroups），然后发展成为 Windows NT 系统（NT 代表"新技术"）。

Windows NT 系统的初期研发工作是由戴夫·卡特勒（Dave Cutler）领导的。作为操作系统方面的天才人物，戴夫为比尔·盖茨所看重。比尔曾说过，戴夫是他所认识的最聪明的人之一，后来比尔还把他从数字设备公司挖到了微软。比尔认为，他的团队必须拥有最优秀、最聪明、最深刻的思想家，这样才能形成他所说的"正螺旋效应"，即优秀的员工会吸引其他优秀人才加入企业，在企业内部迅速形成一种螺旋向上的积极氛围。

1982 年，"个人软件公司"（Personal Software Corporation）改名为 VisiCorp，这家公司就是"负螺旋效应"的典型例子。该公司研发出了业内首款适用于个人电脑的电子表格软件 VisiCalc，而软件的编写者是程序员丹·布里克林（Dan Bricklin）和外号"鲍勃"的罗伯特·弗兰克斯顿（Robert Frankston）。丹和鲍勃有自己的公司，名叫"软件艺术公司"（Software Arts），他们负责编写 VisiCalc 软件，然后通过个人软件公司进行分销。该公司售出了 7 万份适用于苹果 II 电脑的 VisiCalc 软件。而正是这款软件，首次把个人电脑从业余爱好者使用的机器变成了商务人

士的专业工具。Visicorp 还开发了 VisiTrend、VisiDex 和
Visiplot 等软件。一名年轻的优秀工程师米奇·卡普尔（Mitch
Kapor）负责 VisiCorp 多款产品的研发工作。

VisiCorp 还拥有世界首款商用个人电脑视窗化操作系
统，名为"Visi On 应用管理程序"（Visi On Application
Manager）。如今，几乎没有哪个电脑用户知道这款产品。
Citation 软件公司、也就是我加入微软之前供职的那家企业
拥有 VisiCorp 加拿大地区的独家销售权。在美国市场，Visi
On 应用管理程序软件的售价高达 495 美元，消费者还要额
外花 250 美元购买鼠标和 VisiWord 等文字处理软件。没有
Visi On 和光学鼠标，消费者什么都做不了。这种配置导致
VisiCorp 的产品定价远高于市场预期，也为苹果和微软提供
了机遇。

先发者未必先至，商战也是如此。别人对你的第一印象
有可能会对你有所帮助，也可能会给你带来伤害。事实上，
一旦市场对你的产品有所了解和定位，即使改变或降低价格
也不一定能改变公众对产品的原有看法。

VisiCorp 另一个值得我们引以为戒的地方就是傲慢的态度和领导风格。米奇·卡普尔和其他主要软件开发人员看不惯 VisiCorp 总裁特里·奥普丹迪克（Terry Opdendyk）的专制风格，于是他们选择了离职。米奇原本想打造一款新的电子表格，特里却对此不感兴趣。在米奇离职之前，公司其他高管建议对米奇加以限制，不让他离职后继续开发新款电子表格软件程序，特里认为不值得如此劳师动众，他甚至觉得米奇没这个本事。特里的傲慢态度到了无以复加的地步，他还跟米奇签了一页协议，允许米奇独立开发新的电子表格，Visicorp 对此不提出任何版权要求或其他要求。后来，米奇成立了莲花软件开发公司，并亲自编写了 Louts1-2-3 软件程序，他几乎凭借一己之力打垮了 VisiCorp。事实上，Lotus1-2-3 刚开始取得成功，VisiCorp 就向法院提起了诉讼，但特里签署的那一纸协议使 Lotus1-2-3 不受任何约束。VisiCorp 的故事并没有就此结束。VisiCorp 起诉 VisiCalc 电子表格软件的最初创建者及其企业——软件艺术公司，对方发起反诉，VisiCorp 败诉，VisiCalc 这款旗舰产品也最终落入莲花公司手中。VisiCorp 不但输了战役，也输了战争。

骄兵必败，这是人类发展史上颠扑不破的真理，甚至连后来的微软也没有逃脱这一厄运。

微软与 Boreland 之战

现在，让我们回过头来谈一谈 API 的故事和微软那颗"皇冠上的明珠"。

Borland 成功推出了好几款应用程序产品，包括 Paradox、电子表格程序以及数据库程序 ANSA。Borland 还开始进军编程语言，要求软件开发人员使用其新开发的所谓"超级应用程序界面"，简称"超级 API"。这些超级 API 能够让软件开发人员将代码写入 Borland 的 API 当中，然后，Borland 的 API 再与 Windows 的 API 对话。从理论上说，超级 API 可以跟其他底层 API 集进行对话。

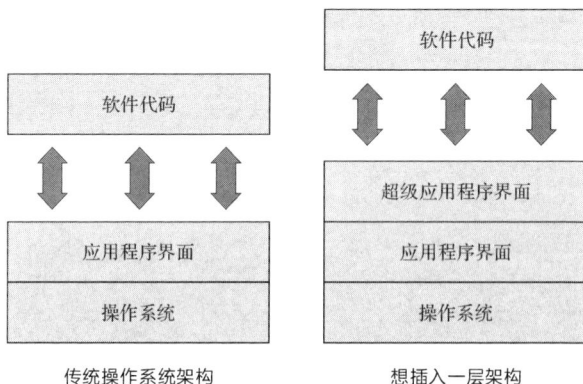

软件代码

软件代码

超级应用程序界面

应用程序界面
操作系统

应用程序界面
操作系统

传统操作系统架构   想插入一层架构

通过这一举动，Borland 实际上已经向微软宣战了。如果 Borland 的意图得逞，所有软件开发人员都转而使用超级 API，那它很容易就可以将 Borland 的程序移植到其他任何一种操作系统上，包括 Borland 的操作系统、Unix 或者其他公司的操作系统。Borland 可以将它的中间层凌驾于另一个操作系统之上，成为所有应用程序的基础，并获取所有相关收益，这实际上降低了微软 OS/2 操作系统的价值。Borland 此举是想摘下微软那颗"皇冠上的明珠"。

在我早年供职微软的时候，WordPerfect 是文字处理软件领域的霸主。当时，相比于 WordPerfect、Wordstar、Multimate、IBM 的 DisplayWrite 和 XyWrite，微软 Word 的销量较低，跟 Volkswriter 的销量很接近。而在实施了一系列市场营销计划之后，微软 Word 的销量从第六位上升到了第一位。这些营销计划包括给用户免费提供一张 Word 样品磁盘，让用户亲身试用 Word 并参与到微软挑战赛（Microsoft Challenge）中。微软挑战赛的主要目标是 WordPerfect，随着 Word 上升至最高位置，挑战赛甚至没有把其他软件当作竞争对手。微软挑战赛与百事挑战赛很相似。百事挑战赛是百事可乐发起的营销活动，其目的是测试消费者的口感，让消费者对百事可乐和可口可乐进行对比。

尽管基于字符开发出来的微软 Word 经历了漫长、缓慢和艰难的爬升过程，但 Windows 的发布为 Word 提供了一个发展机遇，让用户能够在新的界面中体验到文字处理程序。我们研究了用户常用的文字处理程序功能，并专注于优化那些最重要的功能。微软充分发挥了 Word 作为微软 Office 组件的优势，所有程序都使用这种通用界面。

微软还采用同一准则来化解电子表格领域竞争对手的优势。Excel 是微软 Office 在 Windows 操作系统中的正式成员，我们将自身优势与 Office 和通用菜单结合起来，并把所有产品迁移到新的 Windows 环境中；然后，我们研究 Lotus 1-2-3 软件的用户群，以了解他们的喜好和需求。通过这些方法，我们对 Lotus 1-2-3 的了解程度并不亚于莲花软件团队，甚至比他们了解得更加深入。前面我曾提到过，为了给 Excel 准确定位，我们对 Excel 做了 SWOT 分析。软件开发团队稍微动了一下脑筋，就给销售团队提供了击败竞争对手的最佳机遇。

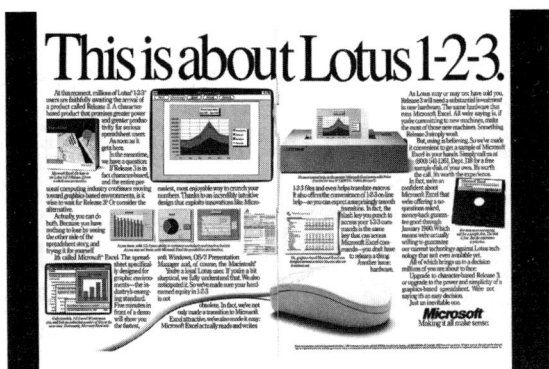

介绍 Lotus 1-2-3 的文章

　　大多数电子表格软件在将控制权交回给用户之前都会计算整张表格，如果表格很大，那你在输入下一个数字之前可能要等待很长时间，甚至要再次移动文档。贾比·布卢门塔尔（Jabe Blumenthal）是 Excel 软件研发团队负责人，他发现可以这样改进电子表格：只计算屏幕上出现的区域，并弄清楚其他表格是否依附于屏幕上的单元格，然后在后台完成电子表格的重新计算，再将表格控制权交还给用户。这项功能推出以后，Excel 看上去便快如闪电，而 Lotus 则慢如蜗牛。Excel 重新计算表格的速度非常快，每当用户改掉某个单元格的数字，只要按下回车键，就会发现另一个单元格的数字立刻发生了变化。他们通常会指着屏幕，惊讶地笑出声来，因为这一切发生得太快了。为了消除疑虑，他们往往还要再尝试几次。这些细节看似微不足道，但正是由于微软对于细节的重视，开明的用户发现，Excel 比其他电子表格更能帮他们节省大量时间。贾比和他的团队还确保 Excel 具备与 Lotus 1-2-3 同样的功能，可以用按键获得相同的计算结果，这样用户就不必重新学习软件的使用方法了。只要用户愿意，他们还可以使用鼠标和 Excel 的其他功能。

在编程语言方面，Borland 曾承诺过，其"超级 API"只需一两行代码便可访问，从而使软件开发人员具备"超强能力"。这个承诺非常有吸引力，它意味着开发人员可以在较短时间内完成更多的工作，而排除故障的时间也大幅缩短。Borland 所做的事情正是软件开发人员孜孜以求的。

面对 Borland 的步步紧逼，微软制定了针对性的策略。我们研究了 Borland 的整体业务，找出它现金流充足的原因，然后从这方面入手。随后，Borland 在应用程序领域发动了价格战。根据我的判断，他们以为我们不会跟进，却没想到我们跟着降价了。我们知道，我们的降价行为会对 Borland 的财务承受能力造成巨大影响，所以我们紧紧咬住 Borland 的价格不放。在选择竞争对手和假想敌的时候，我们必须小心谨慎。我们还打造了属于自己的全新 API，赋予软件开发人员更多功能。我们朝着目标迅速推进，使 Borland 无法赶上我们的前进步伐。如果 Borland 没有利用好我们推出的所有新功能，而软件开发人员又采用了 Borland 的编程语言平台，那就可能意味着他们会落后于时代。后来，超级天才布拉德·西尔弗伯格（Brad Silverberg）离开 Borland，我们说服他加入微软的行列，这对 Borland 来说无疑又是一大打击。布拉德成为微软的高管，并为微软开发出可靠的 Windows XP 平台。打出一系列组合拳之后，微软最终把 API 这颗"皇冠上的珠宝"牢牢握在手里，而 Borland 则变得默默无闻。

企业因人而异，某些关键人物会为企业定下基调，而对于微软来说，这种关键人物就是编写软件的程序员和管理层。迈克尔·菲利普斯（Michael Phillips）既是我的亲戚，也是我的亲密朋友，他曾经担任企业高管，现已退休。他给我提过这样的建议：企业的优劣程度取决于它最差员工水平的高低。他解释说，在客户眼里，一线销售人员的表现为这家公司的形象定下了基调，他们定义了公司的个性。一个薄弱的环节就足以摧毁一家伟大的企业，而许多公司恰恰忽视了这一点，它们宁愿聘请二流员工，也不愿花费心力组建一流的团队。20 世纪 90 年代中期，微软开始为这种行为开脱，称公司在快速成长，需要人手来尽快满足各方面需求。然而，随着时间的推移，这种用人策略会对企业文化造成影响，引起连锁反应，并最终搞垮企业。二流员工会找一个三流工人来干活，不久，那个三流工人又会找个四流的手下帮自己忙，以此类推。与此同时，二流员工只能取得二流结果，三流员工也只具备三流的专业知识和经验水平。一流的企业需要一流的员工，走捷径非但到不了目的地，还会走上邪门歪道。

在软件开发行业，超一流开发人员的效率是一流开发人员的 10 倍。超一流开发人员能以更快的速度、更少的错误编写出更好的代码；同样地，一流开发人员比二流开发人员强 10 倍。也就是说，二流开发人员的效率比超一流开发人员低 100 倍。因此，三流开发人员与优秀开发人员之间的差距就不是一点半点了，而是相差上千倍。假如企业在挑选人才的标准上做出太多妥协，很快就会落入失败产品的陷阱中。与其这样走向毁灭，还不如保护好企业的用人文化，正如彼得·德鲁克（Peter Drucker）所说的那样："企业文化能把战略当午餐吃掉。"

　　为了提升员工素质，微软开始要求很多岗位的员工必须获得 MBA 学位。几年后，我与罗恩·戴维斯和吉姆·米内尔维诺（Jim Minvino）共进午餐。在微软高速增长的那些年里，罗恩曾担任公司市场营销部门负责人，公司的很多决策都源自他的想法，他是引领公司前进的关键人物。吉姆·米内尔维诺则领导微软的市场调研部门。我们三个人都没有获得 MBA 学位。我们的好友迪伦·丰塞卡没有完成本科学业，但他也获得了"董事长特颁优秀员工奖"，而且后来成为 Expedia 的高管之一。按照微软新的招聘标准，我们这四个人都不合格，但我们都在微软的崛起过程中扮演了关键角色。事实上，假如按照 MBA 学历这个标准的话，比尔·盖茨同样是不合格员工，因为他也没有完成大学教育。新的员工筛选标准无法确保公司能招聘到更优秀的员工，有时这个标准甚至会适得其反。

　　这场计算机行业的"天王山之战"①持续了好几年时间，

---

①　来源于山崎之战，主要指关键战役。——译者注

微软和 Borland 在各条战线上展开无数次战斗。微软进行了
多次市场营销活动，向对手发起战略打击，充分发挥套装产
品的优势地位，并且在企业成长过程中不断聘请最优秀的人
才。这一系列的努力使微软取得一个又一个成就，并吸引了
越来越多人才，帮助微软实现了它的目标和终极使命，即"让
每个家庭的每台电脑都运行微软的软件"。

学以致用

👆 你所在企业的拳头产品是什么？你如何保护
它们？

👆 为了寻找最优秀人才，你所在企业是否制定了
正确的标准？

👆 你在个人修养或职业操守方面做出过妥协吗？
如何才能一直遵从职业道德和行业规范？

"卧底"：哥白尼计划（Project Copernicus）

"哥白尼计划"也许是我在微软做过的最有趣的项目之一。哥白尼计划的首要目标是从客户的角度来了解我们自己，第二个目标则是从客户角度了解我们的竞争对手。这就涉及用竞争对手来衡量我们自身的问题。为了实现这两个目标，我做了三个月"卧底"，而且我的每份"卧底"工作都有实体办公室。这三份"卧底"工作分别是：

- 在南加州的 21 世纪房地产公司（Century 21 Real Estate）担任 IT 经理。

- 在科罗拉多州丹佛市（Denver）的泛西人寿保险公司美国总部担任 IT 经理，我甚至在他们的园区内安排了现场会议。

- 在纽约市奥美广告公司（Ogilvy & Mather）担任 IT 经理。奥美是当时世界上最大的广告公司之一，我也在他们办公室安排了现场会议。

所有这些公司都愿意配合我们的研究。作为交换，我们与它们分享了调研结果。

"卧底"工作可以让我们从竞争对手那里获得非常机密的信息，但我们没有做有悖道德的事情，没有从任何竞争对手那里获取任何测试版软件或尚未发布的软件，即使是对方主动提供给我们的，我们也没有据为己有。每当他们要向我们提供预览版软件时，我们总是想办法拖延，并对他们说："我现在太忙了，谢谢你。"

菲利普·格切尔（Philippe Goetschel）是微软的新员工，上级安排他和我一起参与这个项目。我在微软工作了多年，公司里很多人都认识我，所以，菲利普负责安排我和微软的人开会，而我则负责与竞争对手通电话和见面。我们还到商店采购物品，给技术支持、客服以及微软所有主要竞争对手的总机打电话。我们甚至测算对方安排见面的时间。我们这样做的目的是了解哪家公司在为客户提供最好的服务，以及我们如何对自己没有做到最好的领域加以改进。

哥白尼计划的调研结果被传递给整个公司，我会给公司提出一些建议，包括改进产品包装、与客户进行现场合作、从公司层面给客户提供支持，甚至改进微软公司总机接听电话的方式。

那时候，微软总机没有标准的接电话用语。接到客户来电时，接线员最常说的一句话就是："这里是微软。"这句话听起来不是很友好，甚至没有人情味，导致有些客户觉得微软很傲慢。这一点需要改进。

我的父亲是一名企业家，他曾经教过我和我的三个弟弟如何接电话。在他看来，任何打电话到我们家的人都有可能是他的客户。我把自己从父亲那里学到的东西教给了微软的接线员，所以，他们问候客户的方式就变成了这样："感谢您致电微软，我叫戴夫。我能帮您做些什么？"所有来电者都感到受到了欢迎和致谢，而且他们都知道和自己交谈的人叫戴夫。微软终于改头换面，主动询问客户需求，不再把客户需求视为负担。事实上，客户正是微软存在的理由。这种新的问候方式成为微软的标准做法。

当我们向公司各个部门展示哥白尼计划取得的成果时，发生了一件很有意思的事情。人们同意调研的大部分结论，但一旦结论涉及他们自身，他们却表示无法认可。他们觉得我们已经弄清楚公司其他部门存在的问题，但对于他们所在部门知之甚少，更谈不上让他们改进。幸运的是，我们得到了公司高层的支持，我们提出的很多改革建议成为公司新的经营方式，或者至少影响了微软的经营方式。

学以致用

🖑对于客户与你所在企业的交往经验，你了解多少？与竞争对手相比，你的优势在哪里？做出哪些改变以后，就可以提升你与现有客户和潜在客户做生意的机会？

第 13 章
奖励是一把双刃剑

有一次，里奇·麦金塔单独找我谈话，他说我的工作表现一直都很好。按照微软的业绩评价标准，5 分是最高分，而我的各项业绩指标都是 5 分。当时，公司内部出现了一个新的职位机会，为微软客户提供技术支持的产品支持服务部（Product Support Services）需要一名新的副总裁，而候选人一旦被提拔为副总裁，即可获得加薪和两倍股票期权。里奇告诉我："我们想让你知道，你是我们的第一人选，但公司高管层的女性太少，我们需要一位女性担任该职务。所以，帕蒂·斯通西弗（Patty Stonesifer）将得到这份工作。我们想让你知道，公司非常感谢你和你所做的一切，你的工作非常出色。"里奇还说，如果我对外透露上述内容，公司是不会承认的。

为了减少职场的性别歧视现象，美国平等就业机会委员会（Equal Employment Opportunity Commission）制定了相关的指导方针，要求在美企业必须严格执行。很多公司设立了目标，旨在增加妇女和少数族裔的就业机会，而在实现这些目标的过程中，却有可能产生新的歧视行为。因此，择优录取标准往往并不是人们获得工作机会的决定性因素。时至今日，职场仍存在各种歧视行为，也许你就经历过某种歧视。受人歧视的感觉总是不好的。严格来说，你可以按流程向美国平等就业机会委员进行申诉，以维护自己的权益；但在我看来，维权的最终结果总是两败俱伤。

那天晚上，我把这个消息告诉了苏珊。我感觉自己就像是米其林先生（Michelin Man）碰上了一根大针，整个人完全泄气了。里奇认可我的工作成果，这让我感到很欣慰，但从他的话中，我也知道成绩并没有让我受益。受益的人是帕蒂，她将被提拔为副总裁，不仅能加薪，还有资格获得两倍股票期权。得到上司的表扬当然是好事，可如果能够让我升职加薪的话，那就再好不过了。

时至今日，我都为自己在微软遇到的好人好事而心怀感恩，那是我的福分，而且我也一直将里奇视为个人职业生涯中遇到的最佳上司。然而，如果可以选择的话，我宁愿那番对话没有发生过，因为结局已经预先安排好了。

学以致用

👆 如果你的下属业绩出色，但出于"机会均等"原则或其他原因，你决定提拔其他人，那最好不要把这事张扬出去。这种事情是很伤士气的，而且违反了美国平等就业机会委员会制定的联邦法律。

👆 提拔员工要以业绩为依据，只有那些业绩最优秀的员工才有资格获得奖励。业绩才是人们得到晋升机会的真正标准。或许有些读者不赞同我这个观点，但不管怎样，我还是要说出来。

了解真正的威胁

1989 年 11 月 14 日，微软总裁乔恩·谢利邀请我参加即将举行的"微软首届管理层大会"，让我颇感意外。这封邀请函内容如下：

> 本次大会的目的是组织一个广泛的、经验丰富的管理层群体，讨论微软在未来几年将面临的战略难题和组织难题，并提出相应解决方案。公司每个部门只有少数员工受到邀请，预计共有 35 人参加此次大会，其中包括大约 6 名高管成员。高管将扮演会议的推动者和信息提供者角色，而非讨论的参与者。会议的目标是听取您和公司其他部门主要管理者的意见。在讨论开始之前，比尔·盖茨将就市场和技术现状发表演讲；接着，弗兰克·高德特将讨论微软的财务模式和财务状况。然后，会议将分成 5 人一组的研讨小组，就微软面临的重要问题进行讨论并提出建议。

　　我所在的研讨小组任务是界定微软当下所面临的最大威胁。小组很多人给出的答案包括 WordPerfect、莲花公司和它的 Lotus1-2-3 软件，而我给出的答案则是"傲慢"。其他人都嘲笑我的建议，但我是认真的。傲慢是很多伟大软件企业衰败的原因，这些企业在软件行业不胜枚举，PFS、Ashton Tate、ViSiCorp 等公司都是很好的例子。我发现，傲慢的种子已经开始在微软的各个部门萌芽。

　　我的很多建议不止一次地引发别人的嘲笑，但事实证明，这些建议都是合理的。在一次周末战略规划会议上，我建议公司应该考虑给那些任职时间较长的员工提供陪产假，甚至是公休假，因为多年以来，由于工作负荷太重，公司里工作年限最长的员工只能选择离职，而且"逃得比兔子还快"。在那次规划会议的剩余时间里，大家都没有认真考虑我的提议，而是不断重复"逃得比兔子还快"这句话，并且发出歇斯底里的笑声，对我极尽嘲弄之意。多年以后，公司终于增加了陪产假和公休假，但绝大多数才华横溢的老员工早就离职了。

学以致用

👆 你所在企业是否有陪产假制度和公休假制度
   呢？应该设立这些假期吗？

👆 你是否认清了企业所面临的最大威胁？

👆 如果你发现企业正在滋生傲慢情绪，那就要尽
   快把它掐灭在萌芽阶段。

第 14 章
最重要的资产

麦克·霍尔曼（Mike Hallman）曾在波音电脑服务公司（Boeing Computer Services）和 IBM 担任高管，后来接棒乔恩·谢利，在 1990 年至 1992 年出任微软总裁。

1991 年年底，我接到麦克·霍尔曼办公室打来的电话，说麦克想和我见面。在那次会面中，麦克告诉我，公司的高管团队正在进行长远规划。他们正在当前领导层寻找合适人选，并评估谁最适合成为微软未来的掌门人。麦克说，他们认真思考过，认为有 5 名候选人有一天可能成为微软总裁，而我也在这 5 名候选人之列。为此，他们希望培养我，让我负责公司一个完全自负盈亏的业务模块。一般来说，微软培养接班人的方式就是把他派到国外，担任海外分公司经理。由于我本来就外派过微软加拿大分公司，所以他们觉得没必要再把我调往海外分公司。于是，他们决定将我调到位于华盛顿州雷德蒙德市一家自负盈亏的机构：微软大学。微软大学原负责人是一位女士，她正在办离职手续。公司高层希望我接管微软大学，积累一些企业管理经验。我接受了麦克的建议。

微软大学

那时候，我加入微软已经有7年时间了。很多人都认识我，但也有一些人不认识我，我想让后者多了解我一些。在一次会议上，我被介绍给微软大学的管理团队，我和他们之间的关系正式开启。

"我叫戴夫·贾沃斯基。我在微软工作7年了。你们很多人都听说过我，我很想知道你听到了些什么，而我也很想了解你们。"

"我们听说你每天工作时间很长，经常到了深夜还发邮件。"有个人说道。

"没错，"我确认了他的说法，"不过，有件事你可能没听说过。我每天晚上都尽量和家人一起吃晚饭；还有，我会等孩子们上床睡觉之后才去上网发邮件。"

然后我又补充道："我是个基督教徒，我爱耶稣。我也很想了解一下你们和你们的日常生活，因为我认为我们的人生不是相互隔离的，我们的家庭生活会影响到职场生活，反之亦然。"

很多人对基督徒有先入为主的观念，其中一些观念是正确的，而有些观念是扭曲的，还有些观念则是完全错误的。后来，我想起了盖瑞·拉尔森（Gary Larson）画的一幅漫画：森林里有两只鹿，它们站在一起互相交谈。其中一只鹿看着另一只鹿肚子上的同心圆花纹，说那是"烦人的胎记"。我很快就意识到，我已经在自己身上画了一个标靶，让那些对基督教徒有成见的人肆意攻击。

微软大学的前任校长是蒂娜·波德洛多夫斯基（Tina Podlodowski）。在履新简报会上，我得知微软大学的目标是盈利；具体点说，盈利目标要高于利润底线的 10% 到 15%。我和蒂娜单独开会，问她现在目标的进度。她告诉我，他们"比原计划落后了 7 个百分点"，虽然比原计划的 10% 或 15% 落后了 7 个百分点，但团队依旧保持着积极的上升势头，只是没有达到预期目标的高度而已。

我回答说："这样说来，微软大学的业绩正在上升，只是没有达到预想的利润水平。"

"不，应该说是达到了收支平衡。"她说。

这样可不行。我给公司财务部打了个电话，请他们提供一组清晰的财务数据，彻底弄清楚微软大学的业务现状。财务部给我提供了明确的评估报告，让我明白了微软大学当时的经营状况。我要让学校所有员工都认清现实和我们的目标。当我收到那份报告的时候，蒂娜已经离职了。财务部的报告让我大为震惊。

微软大学的盈利是负值，而且低于底线的 70%。微软大学需要的不是调整，而是一场"大手术"。截至我上任那年，微软大学的亏损已经超过 558 万美元。

9 个月后，我们的微软大学团队不仅扭亏为盈，而且还盈利颇丰。这是一个小小的"后来者居上"的故事，但我们也为此付出了艰辛努力。

蒂娜给我留下了一大堆财务报告，这些报告在她办公桌上堆了一尺多高。在查阅大量电子表格和会计报表的过程中，我看到了一份蒂娜的情人写给她的信，信的标题是"亲爱的简"。从这封信中，我不仅得知了她们之间的同性恋关系，而且得知蒂娜离开微软后要去声援在西雅图市政厅（Seattle City Council）举行的同性恋示威活动。微软大学有大量的男女同性恋，蒂娜当校长对他们来说是件很惬意的事情。由于我已经表明了自己基督教徒的身份，他们当中很多人都觉得我会对他们本人及其职业生涯构成威胁，因为基督教徒会对他们进行评判，而且会对他们存在偏见。很多人对我和我的信仰有了先入为主的预判。

他们没有意识到的是，上帝号召我们基督徒首先要学会爱世人，这是我的信仰。借用歌坛巨星史蒂文·柯蒂斯·查普曼（Steven Curtis Chapman）唱过那首《神即是上帝》（*God is God*）里面的歌词："神即是上帝，而我不是。"耶稣说过，他的追随者有两项职责：其一是全心全意地爱上帝，其二则是像爱自己一样爱邻居［《马太福音》（*Matthew*）第 22 章第 37—39 节］。耶稣没有要求我们去评价别人，因为这是上帝的事情，不是我们的事情。《圣经》几乎从不鼓励人们去评判别人，而我们基督徒却经常会错意。耶稣说："你们要彼此相爱，就像我爱你们一样，这是我的命令。"［《约翰福音》（*John*）第 15 章第 12 节］。人们首先要知道的是，基督教徒关心他们。就我个人而言，我愿意去了解人们的个人信仰和他们对上帝的看法，我发现这是跟他们开启交流的最佳话题。

我不打算对微软大学员工的个人生活进行评判。除了尽全力去实现爱的使命之外，我在微软大学的工作重点是手头的任务，也就是我们作为一个业务单位的业绩表现。我们是整个微软美国营销部当中业绩最差的单位，这种局面必须要迅速扭转过来。

比尔·盖茨、史蒂夫·鲍尔默和弗兰克·高德特组织了一次评估微软大学现状的会议，我是与会者之一。他们要求我写一份业务计划书，阐述如何在两年内扭转微软大学的亏损现状。然后，史蒂夫特别强调说："千万不要花两年时间！"

我们与微软大学的领导层一起审核了微软所有9个业务单元的现状，并根据业绩对这9个业务单元进行排名。我们讨论了哪些措施是有效的，哪些措施是无效的，然后根据团队成员对组织所做的贡献和价值评估他们的表现。

微软大学曾获得过产品包装方面的奖项，但这些成就已成为过眼云烟。我们的客户希望在我们在发布产品之前给他们提供培训，他们只想尽快得到这些资料，就算培训资料是模糊不清的影印件、装在一个棕色纸袋里、外面用麻绳捆着也没关系，总比产品发布几个月后等待培训要好，到了那时候，产品包装再漂亮也没用。

更糟糕的是，还有人告诉微软大学的员工团队，他们的表现很不错。微软大学管理层给团队颁发内部奖励，这相当于认可了他们的表现，但管理层却没有将学校的实际财务状况如实告诉员工。因此，我从微软财务部获得的数据以及我与比尔、史蒂夫和弗兰克的审核结果都与团队对自己的看法大相径庭，以至于他们认为我误读了这些信息。他们以为微软大学获得了所谓的成功，并紧紧抓住这扭曲的论点跟我争辩。我花了很长一段时间，才让他们认识到微软大学的真实状况。

为了加快微软产品的上市速度和满足客户在产品发布前进行培训的要求，我们把培训讲师放入了产品开发组当中。他们和程序员在同一幢大楼里办公，并参与产品研发团队召开的会议。深入了解软件研发过程之后，我们便可以满足客户的培训需求。

我们得知 Novell 公司的认证培训项目开展得非常成功，于是聘请曾在 Novell 工作过的比尔·莱恩（Bill Lane）负责创建后来被称为"微软认证专家"（Microsoft Certification Professional）的项目，该项目成为企业用来评估其合作伙伴和员工技能的标准。为了让所有人对这个项目有所了解，我们还制订了一个培训计划，我希望每个人都能了解自身潜力

和组织潜力。我们还跟美国太平洋研究所（Pacific Institute）
及其首席执行官卢·泰斯（Lou Tice）合作，使所有人齐心
协力地朝着相同的方向前进。这是一个综合性项目，其目标
包括帮助人们了解心理舒适区、目标设定、领导力思维和创
造力等概念。不过我很快就发现，微软大学团队对这个项目
大为反感。

　　有一天，微软人力资源部的一位女士叩开了我办
公室的大门。

　　"你会被起诉的，我们也会受到牵连。"她神情
沮丧地说。

　　"为什么？"

　　"你让所有员工都参加了那个培训，现在有人向
公司人力资源部投诉了。你在培训中的用词有些唐突，
有两个词尤其让人感到不适。"

　　"哪两个词？"我问她。

　　她告诉我，第一个词是"上帝"。

　　"好吧，"我回答说，"有些人觉得这个词有些
唐突，我可以理解。另一个词呢？"

"家庭。"她答道。

"真的吗？"我感到很震惊，"微软什么时候变得这么黑暗了，连'家庭'都被人们视为含有亵渎意义的词语？"在那一刻，我心里祈祷着：主啊，请给我一个答案吧。主的确给了我答案。这个问题刚从我脑海里冒出来，我就想到了一个答案。答案是显而易见的，我知道问题出在哪里。"没关系，"我对她说，"我会处理好的。"

她问我打算怎么做。我告诉她，我会先对培训项目做些更改，然后她再告诉我员工是否还想起诉我。

在那一刻，上帝让我明白了一件事：员工们觉得唐突的不是这两个词语本身，而是词语的表述方式。我们马上取消了卢·泰斯的太平洋研究所项目。卢·泰斯属于极端的"驱动型"人格，他精力充沛，热情奔放。如果你也具备极端的"驱动型"人格或者口才很好，一般情况下不会对他有意见。但是，如果你的个性属于较为沉稳的类型，而且你更喜欢接受书面信息，并花点时间慢慢消化这些信息，那你就会觉得卢·泰斯这种人太过专断，内心产生一种压迫感。

比尔·迈耶是我的老同事，他在多年前与卢·泰斯共同
编制了太平洋大学的培训课程。比尔曾给我们的美国销售团
队做过培训，我们把他的课程称为"领导 20 世纪 90 年代的
微软"（这名称如今听起来很老土，但在当时却很新颖）。
比尔是全美演讲者协会（National Speaker Association）成员，
那时候他已经向 10 万多人发表过演讲。他的演讲风格多变，
而且演讲方式被四种人格类型所接受，包括支配型人格、影
响型人格、稳定型人格和服从型人格。我和比尔收集了大量
材料，制定了一套他经常可以使用的演讲课程，并称之为"潜
力释放课程"。该培训课程的每一个单元都以圣经中的内容
作为基础，因为我希望这个课程能够培养人们的诚信和正确
的价值观。

比尔担任培训课程讲师，且效果非常好。我们培训了企
业员工，给了他们所需要的知识，而且无论微软大学还是我
本人，从来都未被起诉过。微软大学团队的绝大多数人都对
我说，这是一个非常出色的课程。"潜力释放课程"给了我
们共同语言，帮助我们迅速达成了共识，而在思想上达成一
致之后，我们的前进步伐就变得势不可挡！

现在，让我们把时钟拨快，来到那一年的年底。微软大学是唯一一个在财政年度内每个月都制订业务计划的单位。在不到一年时间里，我们实现了盈利，有些月份的盈利水平甚至比计划高出 34%，到了 10 月份，前 10 个月的平均利润达到 20.2%。仅在美国市场，我们就实现了 560 万美元的利润增长，从之前的亏损 430 万美元变成盈利 130 万美元。

任职微软大学期间，每当有人想深入了解我的信仰时，我总是抱着尊重和开放的心态跟他们分享观点。我也知道，在企业环境中，长篇大论的说教是很难被人们接受的，所以我决定继续做自己几年前选择做的事情。我决定把《圣经》放在办公室书柜里，让所有人都能看到。在整个职业生涯中，我一直都是这样做的。无论是谁，只要问起我关于这本《圣经》的事情，或者对它发表评论，实际上都是给了我谈论自己信仰的机会。如果没有人评论它，我希望自己在生活中树立起来的榜样能够说明我的为人。

我为自己定下了很高的目标，并努力去实现这些目标；与此同时，我要做到不误导别人，以免造成麻烦。我坚信，包括我在内的所有人都需要一位救世主，我感谢上天通过基督耶稣赐予我们恩典和宽恕。是时候向大家推荐一首我最喜欢的歌曲了，这首歌叫作《宽恕（万物本质）》[*Forgiveness（Heart of the Matter*）]，由老鹰乐队（Eagles）主唱唐·亨利（Don Henley）作词。请上网查看这首歌的歌词，简直太美了。

这些年来，很多人都对我书柜里的那本《圣经》品头论足。有些人尖酸地说："这书摆在这里是为了炫耀吗？还是说它真的对你很重要？"我想利用一切机会跟大家分享我的故事，以及基督教给我的生活带来了哪些影响。此外，我还心怀敬意地询问同事们的信仰，因为我想知道是什么造就了他们的人生，我真的对这个问题很感兴趣。唯有相互尊重和理解彼此的人生经历，我们才能开始探讨问题，而争论和分歧通常是无法解决问题的。

我知道，自从加入微软公司以来，美国文化已经发生了变化。表达自身宗教信仰的做法（或者说某种程度上表达宗教信仰）不再像过去那样得到社会的宽忍，更不会像过去那样受到人们的赞赏。尽管如此，基督教徒热爱耶稣的方式不应该改变，我依旧坚信这一点。爱是解决所有问题的答案。学会爱他人，学会与他人分享你的人生故事，更要学会询问和聆听他们的故事。心与心的交流就从这里开始。

学以致用

🖐 在培训员工的过程中，你是否尊重他们的个人学习风格？也许你提供的培训内容是正确的，但由于展示内容的方式不对，培训没能带来应有的效果。我在微软大学的经历告诉我，改变培训风格可能会产生截然不同的效果。

🖐 接受你的同事，像上帝一样爱他们、了解他们、弄清楚他们的人生动力是什么，想办法跟同事分享你的故事。如果你希望自己的团队全情投入工作，首先要让团队成员知道你不但关心他们个人，也关心整个团队。团结一心，其利断金！

一加一大于二

在这里，我想花点时间来感谢那些我任职微软期间担任我助手的同事们。他们非常特别，不仅是我的助手，也是团队和我取得成功的关键。他们做了大量幕后工作，在不声不响中帮助我们实现了共同的目标。我永远感谢苏珊·韩·哈米特［Susan（Han）Hammet］，她是我在多伦多工作时的助手。后来，我和她一家人都成了亲密的朋友。2002 年 10 月 31 日，苏珊患脑动脉瘤不幸去世，我们将永远铭记和缅怀她。我还要特别感谢洛杉矶的伊莲·乔丹（Elaine Jordan）和华盛顿州雷德蒙德市的黛比·罗素（Debbie Russell）。谢谢你们!

第 15 章
孤注一掷

微软的任职经历为我和苏珊提供了足够的物质财富，而事实上，早在此之前，我们的生活就已经比较富裕了。30 岁那年，我成了百万富翁；后来微软股票持续上涨，我又变成了千万富翁。

从才华横溢的人身上学习经验，这又是我的另一笔巨大财富。在大多数情况下，我学习的对象就是比尔·盖茨本人。

我们的微软大学团队在公司美国营销部的业绩评比中排名第一；在财政年度内，我们是唯一一个每月都能完成计划的单位。跟过去相比，我出差的次数减少了许多，打高尔夫的次数却增加了。公司定期给我派发股票期权，这让我们家庭拥有了可观的财富。

尽管如此，我却并没有感受到来自直接上司鲍勃·麦克道尔（Bob McDowell）的支持。虽然我的业绩无可挑剔，但我知道，我得到的股票期权数量是最少的。根据微软的规定，高管层必须把期权池中的股票分配给所有直接下属。鲍勃是从安永会计师事务所（Ernst & Young）空降到微软的，主要负责咨询业务，帮助我们的企业客户将微软的技术融入它们的战略计划当中。鲍勃在安永的很多手下都跟他一起跳槽到了微软，而他有权利用股票期权奖励微软从事咨询业务的直接下属。尽管我和我团队的业绩评分非常高，但鲍勃分配给我的股权很少，他只是想用这些股权走走过场。

对于这件事，我和杰夫·雷克斯（Jeff Raikes）持不同看法。"我知道，如果我命令你冲锋陷阵，你肯定会义无反顾，"有一天杰夫对我说，"可是，我希望你在冲锋陷阵之前能够质疑我的想法。"我明白杰夫的意思，只不过我们的观念不一样。比尔、史蒂夫和弗兰克为微软大学制定了明确的目标，而我们的实际业绩超过了目标。尽管如此，我们所取得的成就似乎没有得到应有的重视。以前，我跟里奇和斯科特一起执行公司的战略，在市场上冲锋陷阵，我觉得自己很受公司高层重视，但那些日子已经一去不复返。不到一年时间，公司高层的组织架构发生了变化，我的直接上司也换了。新的领导层没有向比尔·盖茨描述我和我的团队为公司带来的价值。

苏珊告诉我，尽管我的业绩很优秀，但她总觉得我郁郁寡欢。她说得没错。

在泛西人寿公司工作时，我的办公桌上就有一套 VisiDex 软件。从那时起，我就对个人信息管理领域充满了兴趣。我构思了"个人信息管理器"（简称 PIM）的一些功能，把它们罗列成一份清单，并且一直保留着那张清单。后来，我被调到微软洛杉矶分公司，在那里结识了布莱尔·布莱恩特（Blair Bryant），他曾是全球首款个人信息管理软件制造商 DayFlo 的高管。我们定期进行交谈和交流，不断改进那张清单里的功能。

出于对个人信息管理软件的热爱，我邀请了比尔·盖茨、维杰·瓦西（Vijay Vashee）和布莱恩·麦克唐纳参加了一场个人信息软件构思会议。作为会议议程的一部分，我跟他们分享了经过改进的"完美个人信息管理软件"功能清单（后来，布莱恩被任命为领导微软 Outlook 软件团队的负责人。微软将这款软件称为"桌面信息管理器"，简称 DIM，而不是"个人信息管理器"）。

首次计划暨构思会议结束几个月后，我得知上一年离开微软的斯科特·冲正在投资一家名为 Arabesque 的软件公司。

我对苏珊说，当初我是带着某种使命感加入微软的，而现在我觉得这项使命已经完成了，该考虑是否换个环境，做点别的事情。而且我也提到过，我认为自己没有受到应有的重视，在比尔·盖茨以下的高管眼中，我已经从潜在总裁候选人变成了组织架构中可有可无之人。然而，辞职将意味着放弃公司还未派发的数百万美元股票期权。做出决定之前，我和苏珊不断向上帝祈祷。她既察觉到了我的挫败感，也看到我对个人信息管理软件项目充满了兴趣。最终，苏珊赞成我离开微软。当她帮助我做出这个决定时，我感受到了她的浓浓爱意。经过数周的祈祷和讨论之后，我的内心慢慢平静下来，开始迈出关键一步。

我同意跟 Arabesque 软件公司签署保密协议。Arabesque 正在开发一款个人信息管理软件，这款软件后来被称为"Ecco"。当他们向我展示这款仍处于研发阶段的软件时，我顿时惊讶得说不出话来。我在"完美个人信息管理软件"清单中罗列的功能已经全部被呈现了出来！我打电话给布莱尔，叫他尽快来到华盛顿州的贝尔维尤市。打电话那天是周三，他周四就到了，并且很快便加入了 Arabesque 公司。不久之后，我从微软辞职，并于 1993 年加入 Arabesque 团队。很快，迪伦·丰塞卡和戴夫·内尔（Dave Neir）也加入进来。我在微软加拿大分公司工作时就认识戴夫了，当时他是微软公司财务部成员。

有些财务规划师告诉我，从专业的财务规划角度来讲，他们不建议我们跳槽。但无论过去还是现在，我和苏珊都没有为此后悔。

每当人们听说我是在哪个时间段加入微软的，然后再看着微软股票在那个时期的迅猛上涨势头，都会认为我和苏珊现在必定十分富有了。可实际情况并非如此。离开微软后的这些年里，我们留出一部分钱给孩子们读书，让他们在没有任何助学贷款的情况下顺利毕业。我们留出了足够的钱，帮助我们的孩子买他们人生当中的第一辆车，并给我们全家人买了一所大房子。至于剩下的大部分钱，我们都用来帮助其他人了。我们投资那些能够传递基督教信仰的软件，在市内设立教育奖学金，并推进其他我们认为有价值的公益事业。我们觉得自己还很年轻，如果上帝想让我们再次拥有财富，我们将来肯定会在商业上取得成功，再次变得非常富有。

简而言之，我们只是做了自己觉得应该做的事情。其他人在类似情形下可能会有不同的想法，但我们审视了自己的内心，并遵从内心感受，在上帝的指引下尽了我们的本分。

学以致用

🖑 你是否遵从了内心的召唤？如果没有，是什么阻碍了你？

第 16 章

用好你的资产：从微软和 Arabesque 软件公司学到的经验

在微软以及后来的 Arabesque 软件公司任职期间，我学到了很多经验。遗憾的是，"骄兵必败"这个道理放之四海而皆准。

当时，Shapeware 公司开发了一款名为 Visio 的产品，它让普通商业用户能够通过一个拖放界面创建精美的图表。Shapeware 公司仿照微软的界面风格制作了菜单，这让 Visio 成为微软的宣传典型。每当微软想向客户展示一些出类拔萃的 Windows 应用程序时，总会以 Visio 作为例子。事实上，

Visio 的界面风格与 Windows 简直是天作之合，仿佛它就是微软系列应用程序产品的一员，微软后来干脆就收购了 Visio。

另一方面，Ecco 项目由皮特·波拉什（Pete Polash）负责。皮特开发了一款名为 Persuasion 的演示软件，并把它卖给了 Aldus。依靠卖 Persuasion 的收入，Arabesque 和 Ecco 获得了顺利起步的资金。皮特曾经与微软为敌，而且还赢了，所以他觉得自己能够再赢一回。包括我本人在内的 Arabesque 高管团队鼓励皮特仿效 Shapeware，把菜单结构设计得跟微软 Office 套装软件风格相似，但他拒绝我们的建议。事实上，Arabesque 的菜单与其他程序的菜单几乎完全不同。结果，Arabesque 没有像 Shapeware 那样被微软收购。

布莱恩·麦克唐纳把 Project 软件带到微软，并继续担任微软个人信息管理器研发工作负责人（实际上，微软把个人信息管理器称为"桌面信息管理器"，也就是 Outlook）。Outlook 获得了强大的发展动力，它将与微软 Office 捆绑在一起。也就是说，即使 Outlook 是一款平庸的软件，它也会胜过其他同类产品。那时候的微软 Office 已经足够强大，能够为捆绑在其套件中的任何软件提供这种发展动力。我们可以从这件事学到什么经验？利用好你的资产，利用好行业中的拳头产品并发挥其优势。

学以致用

☞ 你有哪些成功经验，可以帮助你的企业取得
新的成功？有什么办法可以利用你所在行业
另一实体的市场地位，从而成为该实体的代
表性人物？

重返微软

就在我们把 Arabesque 公司的 Ecco 软件推向市场的几个月后，我接到了我们派驻软件行业最大批发商英迈公司销售代表的电话。"恭喜你！"销售代表在电话那头说道，"我们已经排名第一了！"

什么？已经排名第一了？我向销售代表致谢，然后立刻

去找我的团队成员，对他们说："告诉大家一个坏消息，市场容量比业内人士迄今为止预测的要小得多。我们在英迈公司的个人信息产品种类中已经排名第一。"

1994 年，Arabesque 被出售给 Net Manage 公司。

我开始创业，并成立了远见风投公司（Provident Ventures Inc.）。1994 年 4 月，我又接着创立了现在这家企业：梅塔媒体合伙人有限责任公司（Meta Media Partners LLC），微软是我们的首批客户之一。

1994 年年中，为了跟进客户，我又回到了微软公司园区工作。里克·汤普森（Rick Thompson）曾经负责微软的硬件业务，包括微软鼠标等产品，后来被调往微软 Works 软件项目组。他打电话给我，问我是否愿意加入他的团队，成为微软新版 Works 软件的产品经理，这款新产品被命名为"适用于 Windows 95 操作系统的微软 Works 软件"（Microsoft Works for Windows 95）。里克希望团队中加入一名技术专家，当某项功能不确定能否实现或实现该功能的时间不对时，这名专家能够正确评估研发人员所表述话语的真实性。他还想让团队中的两名成员腾出时间从事微软 Bob 项目的产品研发工作。

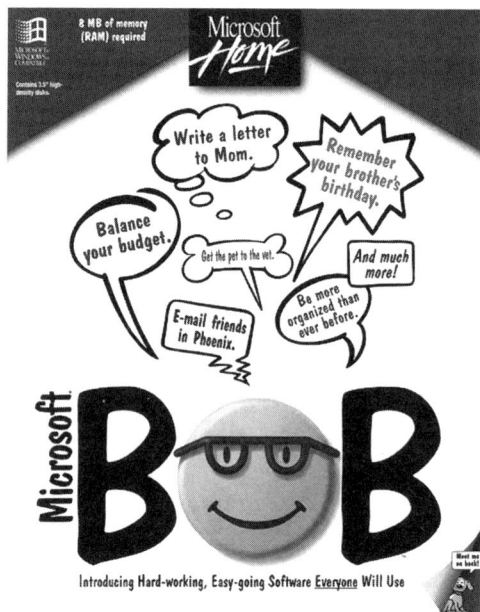

微软的 Bob 产品海报

如果你知道微软 Bob 是什么，那就别笑。Bob 相当于今天的 Siri、Cortana 和其他语音系统再加上一些 Paperclip 或表情动画。这么一想，你就会发觉 Bob 的研发方向是正确的，只不过它稍微生不逢时而已。不过，Bob 的"Clippy"动画功能不太被当时的绝大多数消费者所接受，他们更喜欢毫无表情的 Siri、Cortana 或 Alexa。

里克要求我负责完善"适用于 Windows 95 操作系统的微软 Works 软件"的一半功能，包括电子表格制图，并确保每个 Avery 标签都能正确地打印和对齐。事实上，对我们产品支持团队来说，该版本 Works 的规格要求最高。针对用户的主要痛点，我们解决了一些技术性问题。因此，这款产品很受欢迎。许多用户看到产品优先融入了他们需要的功能，感到非常惊讶。我们只是听取了客户的意见，结果就成功了。

随着 Works 成功交付和该产品下一版本的顺利交接，我在微软的第二段工作经历也结束了。我在这家全世界最了不起的企业总共工作了 10 年时间。

第三部分

着眼未来

在后来几年里，苹果博得了消费者的欢心，微软不再被消费者视为一家有远见的公司。科技大咖们在谈论行业发展趋势时，总是先提到苹果、谷歌、亚马逊和其他公司，最后才提及微软。

第 17 章

迷失方向

我的预言应验了。

在 1990 年 2 月份举行的管理层务虚会上，我提出了"傲慢是微软面临的最大风险"这一观点。傲慢导致很多优秀的软件企业走向没落。我当时不知道的是，从 1990 年开始，美国联邦贸易委员会（Federal Trade Commission）已经把矛头指向了微软。

几年后，《连线》（*Wired*）杂志讲述了美国政府对微软发起全面反垄断诉讼的故事。文章的标题为"真相，全面真相，

196

纯粹的真相"（the Truth, the Whole Truth, and Nothing But the Truth）①。据《连线》的线人称，美国政府之所以对微软发起诉讼，原因之一就是微软太过傲慢，傲慢自大为反垄断指控打开了大门。

话虽如此，美国司法部长（US Attorney General）珍妮特·雷诺（Janet Reno）在 1998 年代表联邦政府提起的反垄断案虽然号称是为了保护消费者，但实际上可能是一种带有政治动机的行为，毕竟这起案件是由 Borland、Novell 和硅谷的其他竞争对手通过硅谷法律企业 WSGR（Wilson Sonsini Goodrich & Rosati）的律师苏珊·克莱顿（Susan Creighton）和盖瑞·里巴克（Gary Reback）向政府提出指控的。消费者既不是受害者，也没有对微软提起诉讼。事实上，软件的价格已经下跌，消费者更能负担得起购买电脑的费用。正如我

---

① 请参照以下网页内容：http://Microsoftsecrets.com/wiredantitrust1 and http://archive.wired.com/wired/archive/8.11/. 关于这桩诉讼案的更多信息，请参照以下网页：http://Microsoftsecrets.com/wikiantitrust;http://en.wikipedia.org/wiki/United_States_v._Microsoft_Corp; http://Microsoftsecrets.com/wiredantitrust2; http://archive.wired.com/techbiz/it/news/2002/11/35212; http://Microsoftsecrets.com/wiredantitrust; and http://archive.wired.com/wired/archive/2.04/gates.html.

之前说过的那样，Borland 想仿效微软的软件，把它们变成自己"皇冠上的明珠"，这种做法其实给它自身的价格带来了一些压力。

此外，政府对微软发起反垄断诉讼的时机也值得玩味。那时候，美国总统比尔·克林顿（Bill Clinton）、副总统阿尔·戈尔（Al Gore）和司法部长珍妮特·雷诺正面临越来越大的公众压力和政治压力。克林顿和戈尔在 1992 年和 1996 年的总统竞选中通过一间寺庙非法募集资金，公众要求雷诺对他们采取相应的法律行动。记者们披露了越来越多的信息，表明牵涉到非法募资的人当中至少有副总统。针对微软的调查持续多年，克莱顿和里巴克继续纠缠美国政府，要求政府代表他们的客户采取更强硬的措施。1998 年 5 月 18 日，在雷诺的推动下，反垄断诉讼案有了进展，雷诺也成功地将美国民众的注意力从募资丑闻转移到了政府与微软之间的斗争上。假如没有这起反垄断案的话，美国总统和副总统就算不面临弹劾，也可能会深陷法律的泥潭；而现在，他们得以坐山观虎斗，全身而退。

微软的傲慢无疑助长了司法部的怒火，而在整个反垄断诉讼过程中，尽管微软傲慢依旧，却于事无补。1993 年 4 月 21 日，司法部开始对微软展开调查，并经历了反垄断起诉、裁决、上诉、和解、延期等阶段，案件一直持续到 2011 年 5 月。继美国发起针对微软反垄断诉讼之后，欧盟也紧随其后，导致微软面临超过 20 亿美元的罚款和持续至 2012 年的法律诉讼。美国联邦政府对微软施以重罚，首先下令将微软一分为二，一家是操作系统公司，另一家是应用软件公司。微软通过上诉和和解，最终迫使联邦政府取消了这一命令，但交换条件是微软必须公开其 API 和数据协议，包括此前没有提供给其他公司的微软内部 API。联邦政府成立了一个专家小组，在 5 年之内，微软必须允许该专家组全面查阅其系统、记录和源代码。

政府这种行为的最大受害者是微软的股东，微软股票市值下降了一半以上。微软的商业行为被贴上了"垄断"标签，而美国司法部在判决过程中占了上风。微软被迫接受了几项判决结果，包括解绑其 IE 浏览器（Internet Explorer），禁止在安装操作系统的过程中强行安装 IE。从创立至今，微软与政府的斗争占了公司发展史的半数以上时间。在我看来，与政府的缠斗消耗了微软的大量心力，这才是微软的最大损失。

2000 年 1 月，比尔·盖茨辞去首席执行官一职，由史蒂夫·鲍尔默接任。在鲍尔默的带领下，微软的股票价格一路震荡下行，导致一整代员工手里的股票期权基本上变得一文不值。在这段时期，"金手铐"被打开了，微软失去了大量人才。不过，当美国司法部一心想将微软一分为二时，鲍尔默却力挽狂澜，保持了公司的完整性，从这点上说，鲍尔默是有功之臣。

在后来几年里，苹果博得了消费者的欢心，微软不再被消费者视为一家有远见的公司。科技大咖们在谈论行业发展趋势时，总是先提到苹果、谷歌、亚马逊和其他公司，最后才提及微软。直到 2014 年，萨提亚·纳德拉被任命为微软首席执行官，微软在消费者心目中的创新者地位才得以恢复。

从"鲍尔默"时代到"纳德拉"式创新

2000 年 1 月，情绪容易激动的史蒂夫·鲍尔默被任命为微软首席执行官，并一直任职到 2014 年。如果说一家营利企业的角色是为股东提供价值，那么在鲍尔默担任掌门人期间，微软的股价就能反映出公司的糟糕业绩。从史蒂夫接手

时起，微软的业绩便开始变得平庸。就算他接手微软时美国
政府已经通过了针对微软的裁决方案，也不能掩盖微软疲弱
的市场表现。下面的股价对比图表明，微软并没有从打击中
恢复过来。

比尔·盖茨时代　　　　　　　　　　史蒂夫·鲍尔时代

比尔·盖茨时代微软股价走势图
史蒂夫·鲍尔默时代微软股价走势图

　　鲍尔默担任微软首席执行官期间，最失败的举动也许就
是收购了诺基亚公司（Nokia），导致芬兰经济遭受毁灭性
打击，而这笔并购最终也变成了一个败笔。微软以芬兰经济
为代价获得了所谓的"胜利"，但就在我写下这本书之时，
"胜利"变成了一次彻底的失败。史蒂芬·埃洛普（Stephen
Elop）曾在微软担任高管，后来出任诺基亚的首席执行官，

在他掌舵诺基亚期间，诺基亚的市场份额大幅下降。诺基亚曾在全球多个手机市场中排名第一，在一些国家甚至取得了90%至98%的市场份额。在埃洛普的领导下，诺基亚的营收下降了40%，利润则下降了92%，诺基亚的股价在两年内下跌了81%。2011年，埃洛普解雇了1.1万名诺基亚员工；2012年，又解雇了1万名员工。2013年9月3日，微软宣布收购诺基亚。为了将诺基亚揽入囊中，微软花费了72亿美元。自埃洛普掌管诺基亚以来，诺基亚市值下降了85%，智能手机市场份额降至3.3%。埃洛普重返微软，担任微软设备集团（Microsoft Devices Group）业务单元执行副总裁。他从诺基亚董事会那里获得了1880万欧元奖金，这笔交易显然是在诺基亚宣布被微软收购的当天达成的。2014年7月，微软宣布裁员1.8万人，其中1.25万人是诺基亚员工。2015年7月8日，微软宣布再裁减7800名原诺基亚员工，并从账面注销76亿美元资产。2016年5月25日，微软宣布削减9.5亿美元账面资产，并再次裁员1850人。

总而言之，微软收购诺基亚导致43150名员工失业，以及诺基亚整体市值大幅下降。所以说，这是一次完全失败的收购。诺基亚曾在全球多个市场占据了95%的市场份额，而现在却变得几乎一文不值。实际上，如果我们把这种失败并购活动的所有相关成本考虑在内的话，诺基亚不仅一文不值，还给微软带来了巨大损失。

除此以外，芬兰和世界各地所有与诺基亚有业务往来的公司及其员工也受到严重影响，芬兰经济遭受灭顶之灾。

如今，我依然认为我在 1990 年 2 月提出的观点是正确的。傲慢是微软面临的最大风险，它导致微软多年来一蹶不振。同样地，傲慢摧毁了一家曾经蒸蒸日上的公司及其祖国的经济，因为诺基亚曾是芬兰的主要经济来源。

截至我撰写本书之时，微软的状况已经好转很多。公司新任首席执行官萨提亚·纳德拉给整个公司带来了新的希望和活力。2014 年 2 月 4 日，萨提亚被任命为微软的新任首席执行官。对微软来说，这一天是一个历史转折点。微软内部人士都能感受到这一点，而业内专家也是这样说的。后来，当我返回微软大学校园里时，也注意到了这种变化。

微软大学校友会新任首席执行官里奇·卡普林（Rich

Kaplin）以个人名义邀请我参加于 2015 年 2 月 19 日举行的校友聚会，这次聚会共有 15 人参加。我们在微软行政简报中心相聚，听取了 Windows 10 产品管理团队、微软 Azure 云计算团队管理层、微软 Ventures 创投平台，以及微软 Office 产品管理团队汇报工作。我们还听取了微软公司对未来发展和全球安全业务的展望。整整一天时间里，各个团队都争相向我们征求意见。

微软大约有 12 万名员工，而多年以来，进入微软大学学习的人数远超这个数字，其中超过 2.4 万人是微软大学校友会的积极分子。在史蒂夫·鲍尔默掌舵微软期间，校友会被视为不受欢迎的群体。那些年里，很多微软员工略带伤感地对我说："自从离开公司后，你的日子过得滋润多了。"内部人士告诉我，鲍尔默遇到微软大学校友时也说了同样的话。与之形成鲜明对比的是，萨提亚·纳德拉认为微软大学校友应该是公司在市场上的头号粉丝。在他看来，校友们对微软的未来发展有着重要的作用。

受邀回到行政简报中心的校友包括公司各部门的领导人，他们见证了微软那几年的迅速崛起。很多人已经在微软大学校园里待了 15 年甚至更久。我们都觉察到微软的企业精神发生了变化，并交流了彼此间的想法。向我们汇报的各个团队也看到并感觉到了这种变化。

纳德拉领导下的微软有何不同？举个例子吧：对于微软在家庭用户和企业用户市场当中的真实地位，纳德拉的看法与前任截然不同。在计算微软产品所占的市场份额时，他并不是只盯着个人电脑，也不是只看微软应用程序在苹果麦金塔电脑上的安装比例，而是以所有设备为基础计算微软的真正市场份额，而这些设备包括了个人电脑、平板电脑和手机。

此外，在鲍尔默掌舵时期，微软的很多项目被叫停，比如适用于 iPad 的微软 Office 软件项目。纳德拉担任首席执行官之后，马上给这些项目大开绿灯，使它们得以顺利进入市场。鲍尔默此前曾拒绝发布适用于 iPad 的 Office 项目，该项目的负责人于是选择离开了公司。在纳德拉的领导下，微软已经引进了很多核心技术，包括把 Cordana 语音识别技术引入 iOS 和安卓设备等所有主要平台。

2016 年，微软大举收购领英，这项收购有如神来之笔，此举将让微软及其企业客户全面受益。

纳德拉不仅关注市场份额，也衡量微软在所有平台上的每家客户的收益。他似乎知道，微软已经落后竞争对手很多，这样的企业没有任何傲慢的理由，而应该认真倾听客户的心声。微软曾经排名末尾，但后来者居上，成为行业第一。现在，是时候借鉴过往经验并重塑历史了。对微软来说，这是新的开始。

第 18 章

微软、苹果、亚马逊、谷歌
和你所在公司的愿景

竞争有利于市场、消费者和创新，它让微软再次产生了
"饥饿感"。

在这本书中，我与广大读者分享了我的故事和其他人
的故事，他们不仅来自微软，还来自苹果、谷歌和亚马逊
等公司。事实上，这些企业已经成为行业的执牛耳者，或
者有志于成为行业翘楚。微软经历了起起伏伏，而我讲述
微软往事的目的，是为了激励它向更高的目标迈进，并帮

助苹果、谷歌、亚马逊等公司以及其他企业实现更高的目标。

要想成为伟大的企业并保持领先地位，企业的领导者就必须重视员工，为企业和整个行业设定一个清晰的愿景，依靠诚信和原则来管理企业，了解客户和竞争对手，真诚地面对自己和他人，并且知道哪些指标真实反映出企业的现状与目标之间的差距。

如果让我执掌微软，我会建议做哪些工作？以下是我的结论和建议。

做好自我定位

微软仍然是一家 API 企业吗？不太像。它还能重新成为一家 API 企业吗？也许能，但软件开发人员必须付出大量心血才能做到这点。如今，软件开发人员的定义比以往要宽泛得多，既有传统的个人电脑系统软件程序员，也有新涌现的移动通信设备和物联网设备软件程序员。要赢得人心，微软必须付出巨大的努力。

重视人的价值

这里所说的"人"包括微软大学校友和客户。弗兰克·高德特经常说："员工是我们的最大财富。"而且他把这个原则付诸实践了。整个微软及其所有部门也必须这样做。

知道微软能为客户提供哪些真正的价值，并向他们交付这些价值

对于企业客户，微软深知交付价值的重要性；但对于小公司和创业者，微软几乎不知道如何才能做到这一点。

我们不能闭门造车，而是要了解更多的市场信息。在 2015 年 2 月举行的微软大学校友会上，几位校友列举了具体的例子，说明微软很难完成一些日常任务和产品开发工作。在场一些与会者称这种困难并不存在，但那几位校友提出了无数事实和例子进行了反驳。

例如：我做了一项测试，测试方法与微软大学局域网管理器测试法一致。我先注册了微软动态客户关系管理（Microsoft

Dynamics Customer Relationship Management）软件，然后将该软件与 Ontraport、Infusionsoft、Emma 和许多其他软件的功能进行比较。结果，我发现微软客户关系管理软件的使用体验实在很糟糕。它的视频做得很差，网站混乱不堪，无法给予用户帮助。即使我结束试用数周以后，还是会收到电子邮件，提醒我试用即将结束。微软就连演示样本都做得这么差，我又怎么能相信它真正了解客户关系管理的精髓呢？

微软要与 Gmail 和其他系统联合起来。Outlook 在整合这方面做得很差，而 Windows 7 到 Windwos 10 的 Mail 客户端也做得很差。微软要使 Outlook 和 Mail 客户端很容易地连接到多个电子邮件系统。目前，这两者尚无法完美融合。光是 Outlook 方面的内容，我就可以再写一本书进行阐述。Gmail 的问题也出在谷歌身上，因为谷歌没有跟微软进行深入合作，可市场认为这是微软的问题。因此，与 Outlook 相比，Gmail 在很多商业领域更占主导地位。

深入了解竞争对手

根据我的经验，绝大多数人并不真正了解自己的竞争对手。为此，你可能要重读这本书中提供的关于莲花软件、Borland 和其他竞争对手的故事。你必须非常了解自己的竞争对手，只有这样，你才能推算出他们的战略。

聚焦业务，充分发挥企业的竞争优势

我们应了解如何才能聚焦业务，并为企业建立竞争优势；确定如何才能在企业内部以及为商业伙伴和客户一起建立竞争优势；要善于聚焦，并充分利用创造出来的竞争优势。

我认为，微软想建立起竞争优势，就要考虑将自身拆分成更多公司，这样才能长远发展，盈利水平也才会更高。举个例子：我认为 Expedia 是微软可以借鉴的正确发展模式。Expedia 成立于 1996 年，起初只是微软的一个部门。1999年，比尔·盖茨和 Expedia 团队开始公开募资，准备从微软分离出去。2001 年，IAC 集团下属的美国网络公司（USA Networks Inc.）出资数十亿美元购得 Expedia 多数股权，Expedia 也正式从微软剥离，成为一家独立企业。经过多年发展，Expedia 逐渐成为全球第一大旅游服务提供商，并为其股东带来了巨大的价值。然而，鲍尔默中止了其他类似尝试，现在是时候重新审视这一战略了。

重中之重：在企业的各方面工作中恪守原则

原则很重要。我要从过去 40 年的起起伏伏中吸取经验教训。

我相信，这六个建议可以而且应该适用于苹果、谷歌、亚马逊和其他很多公司。即使你所在企业的规模比这些行业巨头要小得多，也可以运用上述六项核心原则。现在，是时候让这些原则在你的企业中发挥作用并实现企业的下一次飞跃了（或者第一次飞跃）。即使你所在企业目前是最差的，它也可以迅速崛起，成为行业的执牛耳者！

谢谢你，我的上帝。圣父、圣子和圣灵，我爱你们，也感谢你们爱我。

谢谢你，苏珊，你是我最好的朋友和挚爱，谢谢你陪伴我度过这段激情燃烧的岁月；你让我们全家人，甚至孩子们的朋友都拥有了一个安稳的家，你身上的母性光辉笼罩着很多人！有时候，我们也一起经历了起起落落，感谢你在这段狂野旅程中给予我的爱！在未来的日子里，我会尽力减少这种跌宕起伏，我爱你。

谢谢你们，詹妮弗、阿曼达、莎拉和乔纳森。你们为我和妈妈的生活带来了无尽快乐。托上帝的福，让我们能够和你们在一起，而你们也没有辜负上帝的期望，成为他所希望的样子。大卫、克里斯和约翰，谢谢你们的爱，你们是充满爱心的好伙伴。谢谢你们，伊莱贾、塞西莉亚（Cecilia）和欧文（Owen），你们打开了我们心扉。

谢谢您，爸爸，您是我的英雄，一直以来，您教会了我很多关于人生的道理和原则，能够成为您的儿子是我这辈子的福分。

谢谢您，妈妈。您也是我的英雄。您的温柔和爱使我们快乐成长，您和爸爸总是以身作则，教会我们做人的道理。

谢谢你，斯坦蒙席 [①]（Monsignor Stan）。您是我生命中的又一位英雄。从我记事时起，您的牧师身份，以及您对于生活的热爱就让我钦佩不已。我将永远记得我们一起骑摩托车环游南达科他州（South Dakota）布莱克丘陵（Black Hills）的经历。有好几次，当您猛踩油门、在草原一段笔直的公路上追逐着上帝和风时，虽然我追不上您，但我很享受这样的时刻。在生活中也同样如此，您永远是我无法企及的榜样。

爸爸，妈妈，还有斯坦蒙席，你们让芸芸众生与上帝建立

---

① "蒙席"是罗马教皇颁予天主教会神职人员的荣誉称号，以表彰其对教会的杰出贡献。——译者注

了一种友好的关系。我崇敬你们，崇敬你们坚毅的性格、你们的职业道德，以及你们对上帝的热爱。

谢谢你，里奇·麦金塔，我对你永远心怀感恩。你给了我一个职业发展的机会，在工作中给予我指导，以身作则，关怀下属。你让我的人生发生了巨大的变化。

谢谢你，鲍勃·奥瑞尔。你也给了我一个绝佳的机会，让我成为一支杰出团队的成员。你儒雅的领导风格和温文尔雅的待人之道给予我很大帮助。

谢谢你，比尔·盖茨。你的远大志向改变了世界。盖茨基金会（Gates Foundation）继承了你的远大志向，为世界人民的健康、女性地位的提高，以及其他很多方面做出了贡献，使这个世界变得更美好。感谢你给我提供的职业发展机会，感谢你的睿智和远见，更要感谢你对我的支持和友情。

谢谢你，乔恩·谢利。你的商业意识无人能及，在你的领导下，我们所有人都变得更加优秀。

谢谢你，弗兰克·高德特。你去世得太早。感谢你早年给予我和苏珊的所有支持，包括你个人对我们的关心。你用自己的实际行动验证了"人是我们的最大财富"这一观点。

谢谢你，斯科特·冲。你教给我们的营销策略对我们此后的海外拓展产生了深远影响。感谢你多年来在工作上给予我的支持。

感谢这些年来与我共事的每一位团队成员，团队精神就是我们的法宝。能够与你们成为同事，是我此生莫大的荣幸。

在这里，我还想特别感谢几个人，本书的面世离不开他们的支持。

首先要感谢苏珊。谢谢你无数次为本书提供评论和建议，并且愿意重温我们生活中的一些快乐和难过的事情，以便让别人能够从我们的人生经验中受益。

感谢"大赢家领袖"（Big Win Leaders）的乔·西蒙（Joe Simon）和杰夫·洛克特（Jeff Lockert）对本书进行第二轮编辑。

谢谢特里·韦林（Terry Whalin）。我很荣幸，能够在 16 年前认识你。作为一名作家和写作教练，你表现出了令人叹绝的领导力。感谢你信任这本书，也感谢你把我推荐给比尔·沃特金斯（Bill Watkins）。

我要感谢本书的编辑比尔·沃特金斯。谢谢你为本书所做的编辑工作，让它的语言变得更优美、更简明易懂，就算是那些非技术人员也能轻松理解。

摩根·詹姆斯出版社（Morgan James）的小伙伴们，谢谢你相信这本书的价值，并尽全力把它呈献给更多读者。你们的努力让更多的人有机会听到这些故事，并从微软的发展历程中吸取经验教训。

谢谢你，史蒂夫·乔布斯。你也过早地离开了我们。你的激情、远见和竞争意识彻底改变了我们的生活，使我们常用的电脑设备变得真正个性化。你和比尔·盖茨的影响力改变了我们这个世界，并将继续影响着未来一代又一代人。英雄惜英雄，微软和苹果相互砥砺，共同进步。

我要恭喜微软、苹果、谷歌、亚马逊和科技行业的其他朋友和校友。这是一个崭新的时代、伟大的时代！感谢你们使这个世界变得更美好，为人类共同的未来塑造了新的可能性。我们正生活在一个令人赞叹的时代。

戴夫和他美丽的妻子苏珊已结婚 34 年，他们养育了 4 个子女，皆已成年；3 个女儿都已成婚，为戴夫夫妇添了 3 个孙子。

戴夫·贾沃斯基拥有 30 多年的销售、技术和高层管理经验。他拥有计算机科学学士学位，成年后有一半时间从事技术方面的工作，另一半时间则从事销售、营销和运营工作。

他是微软加拿大分公司的第 3 名雇员；在被提拔为美国西部销售分公司总经理之前，他还担任过全国销售经理。在那里，他是美国销售团队的领导，管理着该区域 80% 的销售业务。后来，戴夫被提拔为美国销售运营部总经理，然后调任微软大学校长，带领微软大学迎来转变。他获得过比尔·盖茨颁发的首届"董事长特颁优秀员工奖"。

离开微软后，戴夫担任 Arabesque 软件公司的销售副总裁，并领导团队研发和推出了个人信息管理软件 Ecco，成为全球最大软件批发商英迈公司在个人信息管理软件领域的最大供应商。

后来，戴夫创立了远见风投公司，帮助 GTE 公司（现已改名为"威瑞森"[Verizon]）在美国拓展业务，并被提名为该公司"董事长特颁奖"（Chairman's Award）获得者。

创立远见风投公司之后，戴夫又成为盖洛德数码公司（Gaylord Digital）的高级副总裁兼总经理，这家公司是盖洛德娱乐集团（Gaylord Entertainment）的互联网分支机构。供职盖洛德时期，他和员工策划发起了狄克西女子合唱团（Dixie Chicks）的巡回演出，经营着互联网上最大的基督教音乐商店，为奥普里大剧院（Grand Ole Opry）做了首次网络广播，将纳什维尔这家历史悠久的莱曼礼堂（Ryman Auditorium）变成了网络广播会场；他还经营着独立艺术家网站 Songs.com，并通过 Real Networks 和 Windows Media 等网络渠道向全球直播来自意大利罗马的"世界青年节"（World Youth Day）活动。

2003 年，戴夫与音乐行业高管和盖洛德数码公司的领导团队一起创立了 PassAlong 网络公司（PassAlong Networks），并担任该公司的首席执行官。PassAlong 网络公司为包括 eBay 在内的 200

多家客户提供数字媒体和内容管理，还为电商和共享音乐提供创造了已有或正在申请的专利技术。PassAlong 是全球首家发明并实施用 PayPal 进行微支付的公司。

从 2009 年到 2011 年，戴夫·贾沃斯基担任 Intero 联盟（Intero Alliance）的首席技术官，并创建了 Intero 生活方式网络（Intero Lifestyle Network），这是一个与全球社交媒体广泛结合的内容管理系统和数字媒体存储平台。Intero 联盟向全球最大的直销企业美国雅芳公司（Avon Products, Inc.）提供这种技术的定制应用，并用 37 种语言，在 62 个国家和地区为雅芳经营这一平台。

从 2011 年到 2013 年，戴夫担任 NetSteps 有限责任公司（NetSteps LLC）营销副总裁，向各类直销企业销售 ENCORE™ 解决方案。ENCORE™ 提供云计算平台、软件服务、托管解决方案和企业许可证服务，其客户包括 Natura，PartyLite，Beautycounters，Scentsy，Rodan+Fields，以及 Synergy Worldwide。

2013 年至 2014 年，戴夫担任 PNI 数字媒体公司董事会董事。在此期间，PNI 被史泰博有限公司（Staples, Inc.）收购，使该公司股东获得 7 倍收益。史泰博公司高管表示，PNI 员工和管理层 100% 留职，且这笔收购获得超过 99% 的股东批准，这是他们公司有史以来最成功的并购案。

目前，戴夫·贾沃斯基担任梅塔媒体合伙有限责任公司的首席执行官，同时也是 2X Global 董事会成员以及"消除暴力顾问委员会"（Advisory Board for Cure Violence）成员。

微软内部资料

20 世纪 90 年代微软对于办公软件的看法

麦克·梅普斯（Mike Maples）在战略简报会上的演讲

1989 年 4 月

我在微软从事应用程序研发工作。微软的研发分为两大块，一块负责创建系统，另一块负责开发应用程序。系统产品和应用程序产品的主要区别在于后者是供用户使用的，换句话说，他们只要坐下来用键盘或鼠标就可以使用应用程序了；而系统产品则是供应用程序产品使用的。我可以使用数据管理器、通信链接、操作系统或该系统自带的图形用户界面向用户推荐应用程序。在此次演讲中，我会尝试向大家描绘整个公司的轮廓，既探讨系统产品，也探讨应用程序产品。

就事情的安排而言，我们的研发工作可以说是一门艺术。我们的日程安排非常紧凑，很少能像计划那样高质量完成工作。不过，我要给你一个大致的时间框架。如果产品要在接下来的 6 个月交付，我会使用"短期"这一术语；倘若研发周期是 6 到 18 个月，则属于"中长期"产品；若研发周期需要 18 个月以上，则是"长期"产品。

让我先大致了解一下你们从事的工作，这样我就能知道你们的知识水平和专业水准。你们当中多少人的办公桌上有某种工作站，比如个人电脑或麦金塔电脑？有多少人认为自己是个人电脑的高级用户？有多少人使用麦金塔电脑？有多少人说自己的公司主要使用个人电脑，比如 60% 到 70% 使用个人电脑，而不是麦金塔电脑？有多少人会说他们现在新买的电脑产品 40% 或 40% 以上都是麦金塔电脑？

下面，我要给大家展示一组幻灯片，这些幻灯片从高屋建瓴的角度描述了微软正在做什么事情、为谁做这些事情，以及我们视为最重要的东西是什么。然后，我们会演示一些即将发布或当前已发布的产品，告诉大家这些产品有哪些重要卖点，以及为什么你们将来会对这些卖点感兴趣。介绍完产品之后，我会花点时间回答你们的问题。

　　这是我们接下来要看的幻灯片大纲，我想探讨的第一件事就是：为什么我们认为世界正在变化？当世界发生变化时，它会变成什么样子？我们首先讨论个人电脑在整个 20 世纪 90 年代的使用情况，然后再讨论我们为个人电脑打造的系统产品和应用程序产品。

　　我总是喜欢从技术开始寻找这一切变化的根源。这并不是说我们纯粹为了技术而发展技术，但作为一家企业，微软一开始就从人性的角度来看待技术。技术是为了追求美好的变革，这些变革既有益于企业，也有益于个人；而我们的职责是尝试去实现这种变革，或者把实现变革的一系列能力融入人们可以使用的产品中。我们现有的这组产品是从处理器芯片开始的。芯片确实是一项了不起的技术创新，它对我们的生活产生了如此巨大的影响。当我们从芯片开始着手研发产品时，有时候我们所做的就是只专注于芯片，但芯片又不仅仅是我们要关注的东西。实际上，系统中的所有东西都在快速变化着，无论你以何种标准衡量。如果你衡量容量或性能，它们一直都在急剧上升。如果你衡量任何产品的单位价格，它们都在大幅下降。不仅仅是芯片如此，内存也是如此，任何科技产品皆如此。

　　为了客观看待这种现象，我总是问：这种变革是如何发生的？变革会持续下去吗？来自 IBM、AT&T、日本或其他国家的科学家告诉我们，从 20 世纪 90 年代中期或至少 1995 年到现在，再从现在到未来，变革的速度至少是相同的，而未来的变革速度有可能快过现在。

现在，让我们对科技变革速度有个大致概念。1981 年年底，IBM 发布了最初的 PC 电脑；1984 年，苹果公司发布了麦金塔电脑。如果你们还记得的话，最初的 PC 电脑有一块容量为 16K 的标准内存，用户可以将其扩展为 64K 内存。早期的大系统容量是 128K，而当容量达到 256K 时，已经算相当大了。原始系统有一个 160 K 的软盘，最多可以扩展到两个；当时还没有硬盘可以储存文件，常用的应用程序有 11 个。我想，如果我问你们那 11 个应用程序叫什么，你们估计没人能答得出来。类似于"Easy Writer"这样的应用程序早已成为历史的尘埃。

因此，与当时只能购买 64K 系统的普通用户相比，我敢说现在的用户不会购买低于 640K 的系统。过去的用户只能购买 160K 或 260K 软盘驱动器，而如今的用户要求电脑必须配备 20M、30M 或 40M 的硬盘。所以说，快速增长的并非尖端产品，而是大众产品。事实上，这些产品已经增长了 10 倍或更多。

　　我们来思考一下：1994 年的系统会是什么样子？我们是否有理由相信，那时候的系统将配备 16M 内存？也许还有像只读光驱、传真、影像或是不为世人所知的新技术？所以，如果你们能够客观看待这种变革，就能明白我们要往系统中添加什么功能以及这样做的原因。但是，你们不想为了改变而改变，我们也不希望如此。我们要搞清楚这些系统能做什么，以及为什么要这样做。

　　那么，让我们先聊一聊电脑在 20 世纪 90 年代的三种用途。我认为我的观点谈不上什么革命性，我只是想尝试着构建自己的观点罢了。最后，我还要探讨微软的产品以及微软希望如何参与到这三个充满机遇的领域当中。

　　首先是个体生产力，这是引发整个计算机革命的起因。当人们想借助电脑完成工作时，个体生产力就提升了。我们很多人反对这样做，但我认为，大众已经在某种程度上确立了电脑的价值，我们都相当接受这项技术。迄今为止，美国企业采购的电脑总数量达到了 2000 万到 3000 万台。

　　但是，我们还有很多工作要做。在产品示范期，我希望向你们展示一些技术和我们可以放入系统中的某些东西，这些东西将会发生变化，使个体借助电脑系统提高生产力水平。你们可以从麦金塔电脑系统中提前看到这些产品。你们当中有些人用的是麦金塔电脑，而去了很多地方以后，我发现越来越多用户更喜欢麦金塔电脑，而非 PC 机。他们真正购买的是一组功能，这些功能通常在图形用户界面分门别类，很容易使用和学习。虽然你可以在 PC 电脑上做大量这样的工作，但是很多公司不允许用 PC 电脑做类似事情。所以，无论部门经理还是个人，任何有权利获得这些功能的人会说："出于这些理由，我坚持认为自己需要一台麦金塔电脑。"你不能剥夺他们的权利，你也无法阻止他们拥有图形用户界面和与系统打交道的能力。

有很多因素会使个体生产力发生巨大变化，比如，其中一个因素是应用程序共享数据的能力，它们不仅能彼此之间共享数据，还能在众多应用程序之间或用户之间实现共享；另一个因素则是并发性，即应用程序可随时供用户使用。我感觉，当这些系统模拟你们所做的事情时，它们的可接受性更强。想象一下这副情形：假设你们坐在办公桌前看一份报告，此时电话铃响了，很少有人会拿起报告，把它叠起来，放在文件夹里，再把文件夹整齐放在书桌上，然后转过身去接电话。但是，这正是运行某个应用程序的个人电脑用户所做的事情。现在的用户如果真的需要查看数据库，由于内存有限，或者操作系统存在局限性，又或者出于其他原因，他们绝大多数人必须关掉手头正在做的电子表格，然后才能启动一个新的程序。所以，"系统与员工行为同步"是个体生产力中一个非常重要的概念。

第二领域是共享数据，即群体生产力，这是如今获得很多媒体关注的领域。每个人都喜欢把共享数据定义为一名用户与另一个用户交流的任何东西，甚至包括整个公司的业务。请允许我用自己的方式来定义共享数据，至少在今天早上的剩余时间里，我会表现出这方面的权威。

按照我的定义，群体活动是群体为提高个体生产力而选择进行的活动。群体活动不是公司业务，其真正意义是帮助小群体和个体像个人电脑那样对问题的解决方式拥有裁量权。

群体需要做什么事情？第一件事就是交流。就个体生产力而言，应用程序可以帮助用户进行交流，但在群体中，个体需要相互交流。群体需要做的第二件事则是：无论人们从事什么活动，往往都要在群体中分担工作。也许你们要准备好报告，让人把报告送到别人那里征求意见并请对方提出改进意见；也许你正在写一份提案或月度活动报告，每个部门经理都要编写提案或报告的一部分，由你将它们合并或融合在一起。为了做这些事情，你们可能要用到电子表格。实际上，有一系列活动是个体活动的延伸，它们体现了个体生产力产品的特性，允许多个人使用同一产品。群体要做的第三件事是协调。协调是团体必须做的事情，而个体就不必进行协调。群体必须知道如何安排会议，如何根据日程做事情。无论你们想协调什么事情或做什么事情，都要保存好相关信息。事实上，你不仅可以保存信息，还可以更进一步，对活动加以管理或协调。有一类软件叫作"纳粹软件"，每当用户做出承诺时，软件会监督他们是否信守了承诺。比如：你答应在周五做这件事，如果你做不到的话，就知道会有什么后果……这就是群体管理、协调和承诺的概念。

最后一点同样重要：业务流程。我用幻灯片举了个很容易理解的例子。假设这次大会结束后，你回到公司，想报销此行费用。开会期间你跟微软的人一起吃了早餐，花了8美元停车费。于是你把这笔费用写下来，放进"待办事项"篮里。你的秘书把单子拿起来，也许会再填一张单，也许只是看看而已，也许会用它做点什么事情。通过邮件系统让报销单流转起来，也许有人推着一辆小推车经过，把它捡起来，送到你的上司或经理那里。他们会审阅单子，在上面签个名，然后把它放进另一个"待办事项"篮子里，另一个推着手推车的秘书再将单子送到会计部，希望财务能开张支票，告诉你费用已经报销了，并把费用支出记入账目中。

如今，计算机系统建模并不太难。但如果你的经理认为 8 美元的停车费太贵，于是驳回你的报销请求，接下来该怎么办？所以，业务流程系统必须能够应对例外状况。如果三周后 8 块钱还是报销不了，你没钱去吃午饭，该怎么办呢？也许你会打电话问某个人："我的 8 块钱呢？"今天你打电话给自己秘书，而秘书又打电话给你上司的秘书，问道："他签字了吗？为什么没签？报销单还在他的篮子里？"她说："不，他一周前就签字了。"于是你打电话问会计，愤愤不平地质问道："我的 8 块钱去哪了？"但是，通过计算机，你就可以向处理器或业务流程发出请求，看看产品走到哪一步了。我们必须做这些事情来取代如今的大量群体活动。

最后一个领域是企业业务。实际上，这是电脑最重要的应用领域。无论你们从事哪个行业，你们所完成的一些事情都是由业务需求驱动的。美国达美航空公司（Delta Airlines）用 PC 电脑取代他们的终端预订系统。他们发现，PC 电脑可以把预订座位的键盘敲击次数从 280 次降低到 70 次，这样就提升了生产力，可减少预订员数量，或为客户提供更好的服务。但事实上，他们只用了很短的时间就证明了用四五千美元的 PC 电脑取代 1000 美元的终端预订系统是划算的。正是这种生产力将智能和逻辑应用于最终用户领域，使这些系统也能够从事那些活动。

如果你相信咨询顾问并看过他们的研究报告，可能你已经看过诺兰诺顿公司出的一份研究报告。这家公司位于波士顿郊外，他们研究了个人电脑的使用情况、理由和成本。研究得出了几个有趣的结论，并且与本次大会的主题相关。首先，拥有一台 PC 电脑的成本大约是购买软硬件成本的 4 倍。所以，如果你打算买一台电脑，而且打算花大约 5000 美元购买硬件和软件，那就得准备大约 2 万美元购买电脑。其次，这种用电脑来从事现实商业活动的做法能为用户带来最大的回报。事实上，根据他们的预测，使用个人电脑从事商业活动的投资回报率高达 10 倍以上，这是迄今为止最大的投资回报率，而且这是通过共享数据、连接到企业网络等众所周知的方式实现的。

我认为，这三个领域的真正重要之处不在于它们本身，也不在于现今绝大多数个人电脑能够应用于其中一个领域。在某些情况下，你们可以使用终端模拟系统或其他某种功能，尝试在两者之间做一个热键，并尝试做其中的两个领域。但我认为真正重要的，或者说我们从现在到今后六七年战略时期能看到的是，绝大多数人会在同一个工作站上同时从事这三个领域。这会产生一些非常有趣的衍生物，比如组织所有权、控制权或管理权。因为现在你必须面对这样一个事实：不仅用户拥有某种程度的控制权，而且公司也拥有一些控制权和管理职责。这将是一项更复杂的任务。

我们来谈谈微软的解决方案，以及微软是如何将这几部分结合在一起的。我要分成四点进行讨论。首先要讨论什么是工作站，其次是工作站里有什么东西。我之所以这样做，是因为微软致力于实现一个目标，即无论人们从事哪种岗位，他们的办公桌上都应该有一台个人电脑。这种层面的生产力和功能将使个人和公司受益。在个人计算机的内部，有一系列复杂的软件对其进行控制，稍后我们再讨论这一点。再次，这些系统需要相互连接，我会花一两分钟谈论这个问题。最后一点同样重要，即电脑都要运行应用程序。

所以，这个主题值得深入探讨。我现在画了一台个人电脑。我不擅长绘画，只能画几个圆圈和方块代替。但这些圆圈和方块里面有个人电脑用户和局域网用户可以使用的很多元素，包括应用程序、开发工具、文件系统、操作系统、用户界面和通信工具。我很仔细地把它们画在圆圈里。我认为，它们只跟圆圈边缘交流；换句话说，我认为很多应用程序不会与通信工具交流。应用程序将与文件管理器、操作系统和用户界面构造进行对话。如果说存在任何通信的话，这就是请求通信的子系统之一。这是分布式文件管理，这是分布式操作系统设备，或分布式用户界面和演示文稿。

在微软，关于应用程序研发我们以三种环境为目标，分别是麦金塔系统、含演示管理器（Presentation Manager）的 OS/2 系统和 MS-DOS 系统。而我在这张幻灯片上所做的就是把这些区域划出来并涂成灰色，表示微软不涉足的领域。在任何有颜色的区域，我们都在积极研发软件，应用于处理业务问题的平台。我们之所以选择不涉足某些领域，是因为其一，那些领域目前还有足够开发潜力；其二，有时供应商认为自己能控制大局，无须让合作伙伴去做这些；其三，某些情况下，DOS 系统中有一种高级文件系统。所以，我们只能说这是由软件的局限性造成的，而你们并不想要这种限制。

现在，让我们只关注其中的三个方面：用户界面、操作系统和数据管理，我将以 OS/2 系统为例加以说明。使用哪个操作系统作为例子可能并不重要，但我只使用 OS/2，因为它拥有最多的功能和最先进的一套东西。我真正关注的是应用程序开发和用户控制系统所需的那套东西，我这么做并不是因为它高深莫测，也不是因为系统本就如此，而是因为应用程序开发人员或终端用户希望通过某款应用程序来做这件事。

　　谈到操作系统或内核的主要部件，实际上有五类系统设施，操作系统需要拥有和管理这五类设施。它需要多任务同时处理，并具备某种存储保护和安全机制，可以保护某个应用程序和用户活动不受另一个应用程序和用户活动的影响。我们可以花好几个小时来谈论这个话题，但我认为你们对操作系统需要什么样的功能可能已有深入的了解。

　　在用户界面方面，我们的用户界面有三大特点，我认为这三大特点非常重要。第一个特点是该界面使用起来比较有趣，这很重要。比起 PC 电脑的界面，麦金塔电脑的用户界面更让人喜欢，因为它简单易用。我们需要把它变得更有趣，这不会花太多成本，而且我们应该这样做。第二点，当然也是最重要的一点，那就是用户界面样式必须一致。PC 电脑赋予开发者很大自由度，他们选择用很多不同方式做很多事情，但在终端用户看来，PC 电脑的用户界面显得很不一致，而这种不一致性会导致你对自己所做的事情感到不适。例如，如果使用某款老一代电子表格，只要输入斜杠 -F-S，就能保存工作表；而如果你碰巧使用了老一代文字处理器，并输入小数点 -F-S，你创建的文档不但无法保存，还会被删除。

如果用户在错误的时间执行了其中一项操作，你们认为会发生什么事情？无论任何时候，他们可能都会觉得很不舒服。所以，即使做一些最基本的操作，他们现在也非常依赖操作卡或者操作指南。因此，他们的学习没有产生协同效应，也不是以自学为基础的。他们不知道自己下一步要做什么。所以说，应用程序实现方式的一致性是一种非常关键的特性。接下来，我们将向你们展示大量应用程序。

第三个特点就是图形用户界面和它所带来的一些东西。除了易用性和友好性之外，图形用户界面的另一个作用就是将软件开发人员与设备特性隔离开来。两名软件开发人员在 9 个月内编写了 Lotus1-2-3 的首个版本，几个月后，他们发布了第二版 Lotus1-2-3。在接下来的三年里，莲花研发团队规模不断扩大，大部分研发人员从事打印机驱动程序、屏幕驱动程序、绘图驱动程序和输入 / 输出设备支持程序的研发。随着电脑显示屏和打印机等设备的市场需求不断增长，该行业也呈现出爆发趋势。莲花公司拥有 100 多个打印机驱动程序，但如果它只做驱动程序，现状就不会那么糟了。微软 Word 拥有 147 个打印机驱动程序和

30 多个屏幕驱动程序；WordPerfect 的应用程序更是多得数不胜数。在 20 世纪 80 年代中期的 3 年时间里，整个行业所做的投资都流向了支持各种设备的驱动程序。

对创造性人才而言，这简直是大材小用，因为还有其他问题亟待解决。所以，图形用户界面的第一个好处在于：有人一次性构建了设备驱动器，用户只需把它安装在操作系统中即可。希望以后设备驱动软件都是由硬件制造商提供，这样做的原因很多，但最主要的原因是制造硬件的人能使软件变得高效和有效，并以他所知道的最佳方式支持设备，因为他要靠硬件设备获得收入。所以我认为，从长远来看，当你们购买一台电脑、一台新的显示器、一台新的打印机或者任何一台新设备时，设备驱动软件就像电线一样成为标配，而这些软件将安装在主要操作系统中。

图形用户界面的第二个好处则是它使硬件和软件摆脱了相互依赖性，便于人们使用或充分利用技术变革。如果将来有人发明了一款技术先进的大显示屏，它具备大量你们想拥有且负担得起的功能，你们所要做的就是获取设备驱动程序，则图形用户界面上的每一款软件都可以在该设备上运行。这款设备于是打开了以往软、硬件之间的死结，例如："我不能买这台新打印机，因为莲花还没有推出打印机驱动程序，或者因为 WordPerfect 不支持绘图仪。"所以，你一直处于这个受限的环境当中，试图追踪所有这些信息。这个问题可以通过图形用户界面来解决。

图形用户界面的第三个好处，应用领域是高级数据管理，微软认为这是一个非常重要的领域。在下一段战略时期，绝大部分数据将存储在一个关系数据库中，用户要通过工作站、服务器或连接主机系统访问关系数据库，无论该系统是 DEC 系统还是 IBM 系统，或者任何类型的系统。

除了拥有一个高级关系数据库之外，我们还需要在文件系统中做大量工作。我们所做的事情就是把文件名的定义限制在 8 个字符、1 个圆点和 3 个字符。我们保留了一些信息，比如最后一次使用文件的日期以及大小，但有很多与文件相关的信息应该保存下来，而且确实应该由系统保存。这些信息包括：谁创建了这份文件？创建文件时，他们用的是什么应用程序？它与哪些应用程序相关联？谁使用该文件？它是什么时候更新的？它的安全级别是什么？系统中的文件应该包含大量应用程序和用户可以使用的信息。随着磁盘设备容量变得越来越大，用户开始连接到文件系统和主机，却发现很难在成千上万份一段时间内未使用过的文件中找到你想要的那个文件。这其实是操作系统的问题，而不是应用程序问题。

如果你是 Word 的用户，可能知道我们有能力保存与用户相关的信息以及文件何时创建的信息。对于 Word 文档，你至少可以返回并搜索标题、文本以及作者等信息，眼下这可能足够用了。但从长远来看，这些文件很多都不会被创建它们的应用程序使用。实际上，我们要向你们展示很多案例，说明某款应用程序创建了一组信息，然后将其连接到不同的应用程序。现在，我们要确保一点：当我们删除该信息时，创建它的应用程序和连接的应用程序都知道这件事，并有机会说信息是可以删除的。所有这些都要构建到文件系统中。

在通信方面，我相信你们知道，将系统连接在一起，进行模拟、资源共享、工作站相互通信并汇聚为一个架构的做法并非随意而为。我们坚信，在 1990 年之前，绝大多数用户都将拥有该架构。我们称之为三层架构，有些人称之为两层架构，有些人甚至可能认为它连一层架构都没有，但在本质上，它是由一系列客户端组成的，这些客户端通过局域网连接到某种服务器上。在这张幻灯片中，我随机选择了 OS/2 作为服务器。服务器既可以是微型主机，也可以是大型主机，它扮演着通信工具门户的作用，连接两台你拥有或购买服务的主机。用户可以从服务器系统中购买演示服务和应用程序文件服务。我并不觉得这些话题存在任何革命性的东西，我只是想向大家展示一下应用程序的全貌而已。

迄今为止，我讨论的是操作系统中的系统设备，这恰好是这些系统中最为重要的东西。消费者无法直接从微软那里买到其研发的系统设备，我们将设备整体打包卖给硬件销售商和软件销售商，由他们进行市场推广和销售。所以，消费者从微软这里买不到局域网管理程序，买不到 SQL 服务器，也买不到 OS/2 和 DOS。尽管如此，我们还是认为系统设备的研发工作非常重要，因为消费者所使用的应用程序、我们看待行业发展前景的方式以及这些计算机的使用，往往取决于是否拥有合适的设备。因此，我们希望确保供应商专注于此，或者我们与构建这些系统的供应商一起合作，为应用程序和用户提供标准的、适用的开放平台。

下面，让我们来聊一聊应用程序，以及人们真正想用这些程序做什么事情。我要把应用程序的功能和内容告诉大家，聊聊战略时期应用程序的一些特点，然后告诉大家我们是如何打造这些应用程序的，让大家对我们正在做的事情有所了解，看大家是否相信我们能完成使命。

　　首先，我们正在做的事情。前面我提到过，我们专注于三个关键平台，分别是麦金塔系统、使用 Windows 和 DOS 的 PC 操作系统，以及使用 OS/2 和 Presentation Manager 的 PC 操作系统。这并不是说某天不会出现其他平台，也不意味着我们不会支持这些新平台。经常有人问我关于 Unix 的问题，所以我先回答这个问题。我对 Unix 没有任何敌意，只有两个要求：第一，它要有一套合适的设备，即一个图形用户界面和一组允许在我们设计的模式下运行的应用程序功能；第二，它要拥有足够大的用户群，这样我才会支持它。换句话说，支不支持 Unix 只是一种商业决策。现在，考虑到 Unix 系统的数量、人们对 Unix 用户界面的困惑，以及绝对数量上的不足，这不是一门有利可图的生意，我是不会参与其中的。这不是一场宗教战争，不是十字军东征，而只是一个商业决策。假如某天情况有所改变，我们也许会重新考虑。

　　其次，我们还想确保跨平台的一致性。今天早上，你们很多人举手向我提问，表明你们来自不同的环境。至少对于生产力工具和群体活动来说，这一点很重要。未来环境中，人们所运用的工具可以在整个企业范围内使用。人们借助这些系统填写的报销单、制作的财物预算或保存的人事档案需要在使用不同系统的人之间进行交互。选择系统的依据不应该是它适合哪些应用程序，而是系统的其他特性。这些特性不仅包括用户界面，还包括数据存储、功能、宏，以及用户从系统中获得的其他类型接口。

再者，我们希望能够跨应用交换和集成数据。这是一个特别重要的领域，因为如今应用程序正变得越来越庞大。你们公司可能有员工使用电子表格来进行文字处理，或者把电子表格当作数据库产品使用。如果你们开始审视这些需求，就会得到一张 Excel 需求列表，列表上有一个拼写检查程序和格式化的多信息文本。你们可以看看用于文字处理的需求列表，这就是一个由行和列交错形成的数字表格。你们再看演示文稿图形系统，它们不仅可以制作幻灯片，还可以处理文字、进行拼写检查、画图表、制作表格和绘图。很快，我们就会有单独的应用程序来完成每一种功能。在我看来，这并不是一种非常有效的工具，而对你们用户来说，这也不是处理事情的有效方式。

从长远来看，我们将为用户提供更多的工具，让用户借助工具处理大量事情，但这有一个过渡期，而在过渡期，用户能够将多个应用程序连接起来，并将它们融合在一起。我们会向你们证明这点。这不是一个毫无价值的营销概念，而是一个全面发展的理念，表明我们如何从今天的环境走向目标导向的环境。

我们知道，你们的大部分数据都不在自己的工作站中，因此，我们必须提供一切便利条件，让你们能够轻松访问需要在工作站上使用的应用程序（比如电子表格和数据库）以及任何数据存储设施。

至于输出设备，我认为"无纸化社会"是不可能存在的。事实上，随着输入／输出设备性能不断提高，价格不断下降，其质量也在不断提高。有多少人主要使用激光打印机作为他们的打印设备？这个问题我没有做过调查。4 年前，还没有人使用激光打印机，点阵式打印机是最常见的。在当时，这种打印机已经够好了，而现在激光打印机开始大行其道。很快，彩色打印机将占据主流，又或许是人们经济上负担得起的其他类型设备。所以我们不应该忘记，输出设备总是不断更新迭代的。

易用性是我稍后会花几分钟时间讨论的一个关键特性。我们要使所有这些产品变得更容易编程。如果你们做过调查，我敢说在你们的组织中，现在可能只有不到 5% 的编程工作是由终端用户完成的，而非专业人员。我还敢说，到了 20 世纪 90 年代末，算上占比更高的执行代码，可能高达 80% 的程序都是由个人编写，而不是由程序员。他们不想成为程序员，只想把开发代码或程序作为他们本职工作的副产品。如果终端用户懂得编写程序，我们将会非常成功，而现在，每当被问到是否懂得如何编程，他们的回答都是"不懂"。因此，我们的目标不是让每个人都会编程，而是让系统像人那样工作，使人们能够调整程序，为己所用。

最后一点：开放的环境也同样重要。即使你们接受我的策略和我正在开发的应用程序，你们也不可能天真地认为自己只跟微软公司做生意。因此，我们希望建立一个开放的系统，让你们可以精挑细选最适合你们所在商业环境的产品，因为你们知道，没有哪家供应商能取悦所有消费者。其实，这就意味着即使你们选择不使用我的文字处理软件或演示文稿图形系统，我仍然会开放我的产品链接，供你们处理别家的产品。这既让你们有了更多选择的机会，又让我能够专注于每一款产品的竞争。如果我的产品总体上不够好、竞争力不够强，那么你们就不应该因为我有全系列产品或者因为我有六七款应用程序而购买它们。你们应该看看我拥有的每一款产品，并决定该产品是否是市场上最好的，或者是否符合你们的需求。

那么，接下来我们聊一聊微软正在打造的产品。在应用程序方面，我们集中主要精力开发六类深度产品和一类广度产品（即集成类产品）。我们已经建立了四个平台，其中一个是基于字符的平台，我们在该平台开发 OS/2 和 DOS 应用程序；此外，我们还有三个图形平台，专门开发图形应用程序产品。

请让我多花几秒钟时间来讨论这些问题，我希望把目光放长远些，而不是只盯着下一个版本的产品。我想探讨每一个版本的产品，以及它们在未来能做些什么。

我认为文字处理可能不会继续向桌面出版系统发展，至少到目前为止，这类产品的功能已经超出人们预期。我认为，文字处理的下一个发展方向是大多数人需要的辅助功能，即帮助人们写作、书写语法检查、句子结构、阅读水平分级或写作水平分级等。我觉得很大比例的人群都可以使用这些功能，而且要学习非常琐碎的知识。比如更好的拼写检查之类的辅助功能对人们来说其实更实用。今天上午，我们将向你们展示文字处理软件中的大量功能。我认为，我们已经把注意力集中在绝大多数人大部分时间使用的功能上，而且我们会寻找有待开发的功能。每个版本肯定都会推出新功能，但我认为，革命性变化不会出现在优化排版或字体领域，而会更多地出现在文字处理的其他领域。

　　谈到电子表格，世界上绝大多数人都将使用二维电子表格，比如类似于 Excel 这样的产品。这些表格要便于使用和易于理解。就做事方式而言，我们很大程度上生活在一个二维世界中，纸张、黑板、滑屏都是二维的。有一部分用户群需要多维产品，这部分用户比例在 10% 到 30%。我所说的二维包括了信息的连接和整合，我认为那是一种二维化功能。我还认为，需要整合的不仅仅是一个维度，而是一种更智能化的功能，能够接收和整合那些应该被整合的数据，而不仅仅是位置数据，例如：在做表格时，不一定要把所有的"C3 行"整合在一起，只要把所有代表"1989 年应收账款"的行整合起来就行。

　　多维度是一个有趣的话题。在接下来的几个月里，你们会从很多供应商那里听到大量关于多维度的话题，包括它有什么好处以及有何用途等。我们曾对多维度做过研究，下面我要告诉你们这些研究的结果。首先，"三维"是一个错误的维度数量。当我说出我们认为是正确的观点时，你们可能会笑出声来，但请允许我告诉你们一些背景知识，证明我们为何认为这个观点是正确的。我们找到一些毕生从事咨询业务的专家，他们长期为企业规划者和决策支持人员提供服务；我们还与一些商学院就如何推荐人们使用决策支持与规划工具以及如何将多维度融入这些工具等话题进行了探讨。结果表明，他们的建议几乎是一致的，即该模型需要五个维度。

你们可能会说："那么，五个维度应该如何理解，它们到底是什么呢？"我们以商业问题作为例子：你们生产某种产品，当你们准备对企业活动进行决策支持或规划时，你们要审视接下来要做的事情。首先，你有了一套产品。其次，你可能拥有了一个营销组织或某个地区机构的市场细分标准，所以你对市场有了某种定义。你可能还对产品的制造地点进行了定义。如果你正在做规划，可能就是将某个区域与其他某个地方画上等号。这样，你的规划和能够规划的东西就有了一个维度。

时间总是有维度的，比如时段、季度、月份、年份等。成本也是有维度的，比如：某个事物的成本是多少？涉及哪些财务数据？现在，让我们来谈谈如何运用这些维度。

人们在查看数据时，总是从二维角度进行审视。我们这里没有多少人会从五维角度思考数据。得到大量数据后，你们能想到的就是"按地区查看产品""按地区查看销量""按工厂查看产品""按时间查看产品""按时间查看成本"或"按时间查看工厂",每次都是从二维角度查看数据。拿你们公司的计划书看看,就会发现里面有很多划分方式,比如"按区域划分产品""按月度划分产品""按月度划分区域"等,每一种都是管控计划中的二维划分方式。

所以我认为,你们必须具备两种能力:第一,每次查看两个维度的能力,即每次都能看到数据库或电子表格数据中的任意两个数据;第二,拥有目标搜索能力。你要使多维数据保持一致。举个例子:你想把明年的销售额从 9000 万美元增长到 1 亿美元,并且想在计划书中分配增长额。那么,你要做的就是从某个维度对增长额进行分配。现在,总的销售额目标是 1 亿美元,增长额度为 1000 万美元,我们可以看看哪些地区能够实现增长,比如把 600 万美元分配给 A 区,400 万美元分配给 B 区。系统会问:"你打算多销售哪些产品实现增长?"于是我们去审视产品。假设我们决定 1000 万美元的增量一半来自 1 号产品,一半来自 2 号产品,系统又会问:"等等,难道你不知道在 A 区域不销售 2 号产品吗?你怎样才能实现 2 号产品的销售目标?打算开拓一个新市场吗?"我们不能做出某些约束,比如必须改变我的产品、改变我的区域,或者改变时间段,因为这一切都是相互关联的。当你在二维甚至三维空间中寻找目标的时候,完全找不到其他维度中的约束条件。因此，多维度电子表格必须能让用户在所有维度中寻找目标，并确保所有维度一致和准确。

在演示文稿图形方面，我认为重要的元素不是图形，而是演示文稿。我觉得在演示文稿图形中，你们要做的是让演示文稿的结构变得易于使用，而不是尽可能使其变得漂亮。当然了，我们也会想办法让它变得更漂亮，但最终目的还是让你能够快速轻松地创建和生成演示文稿，这才是真正重要的事情。

关于数据库，我要阐述两个重要特征。一个是系统部门做的 SQL 远程引擎。数据库的应用领域是前端或用户处理数据的能力，我认为用户有三种选择：第一种，用户编写程序，或者他们自己保存小数据库；第二种，他们购买程序，并从商店那里获取团队支持；第三种选择则是对不属于他们的数据进行查询和数据分析，而这些数据被保存在系统中的某个地方。数据库的一个重要特征是以表格图形为基础的，而且便于查询。

在项目管理方面，我预期将出现大规模增长。我们都做项目管理，但通常不使用项目管理工具，因为它们太复杂，项目"管理"味道太浓。我们通常使用日历、笔记本或其他东西来对我们所做的项目进行规划，比如，人们往往会在开会前三天把会议议程写在日历上。因此，项目管理当然要处理高端项目，但也可能涉及很多人每天使用的应用程序，这对他们的日常活动更为重要。

最后是邮件系统。我们在探讨群体活动时，曾谈到了什么是重要的。业务流程当然很重要，而另一件重要的事情是系统能够处理和管理表格。如今，很多围绕某个系统中流动的东西都是表格化的，比如报销单、计时卡、手机短信等。人们之所以采用表格，有两个主要原因：第一，它有助于人们弄清楚需要填写的信息，以及交易中需要做的事情；第二，它有助于确定待处理事项的优先级别，把这些事情绑定在一起，并对其进行了描述分类，这一点同样重要。举个例子：你们可不想把自己的名字随意出现在员工交上来的报销单上，而是逐一审核这些报销单。

当使用电子邮件系统的过程中，用户起初每天处理 10 条消息，然后变成每天处理 100 条消息，进而发展到每天处理几百条消息，用户处理信息的能力就会发生变化。因此，邮件系统必须要变得更加智能，具备分析和分类的功能，并为用户带来一系列活动或信息，帮助用户解决某个问题。

　　广度应用程序是我们致力于开发的最后一个应用区域，它是一种集成化的应用程序，把其他六个领域的元素融合成一款产品。该产品通常是供人们学习所用，人们可以在居家旅行时使用它，也可以在学校里使用它。Works 就是这种产品。我们认为，深度应用程序不应该是一款集成的应用程序，我们不应该把一款非常复杂的电子表格软件和一款非常复杂的文字处理软件合并在一起。用户应有自由选择权，在多个供应商之间选择深度产品，然后把它们放在一起，当作集成产品使用。

　　这段回顾很有趣，但请允许我用一两分钟时间来说明我们打算从中打造什么产品。

　　在基于字符的系统中，我们正投资四个领域。我们之所以选择在这些领域进行投资，是因为人们已经安装了需要参与的系统，或者我们已经研发出了适合那些领域的应用程序，拥有一定用户基础。人们已经习惯使用 Multiplan 或 Word，在此基础上，我们将继续优化这些产品，并为这些产品增加新的功能；Works 同样如此。Mail 是一款重要的应用程序，因为在很长一段时间内，你们只拥有基于字符的老系统功能，而且要参与到网络建设中。

　　在基于图形的系统方面，我们打算以三大平台的所有七大类产品为目标。这是一个有趣的问题，因为当中涉及大量工作。按照计划，我们已经向用户推出了 25 款产品当中的 11 款，所以你们可能要问的问题是："你是不是疯了？如果你还要再研发 14 款产品，然后每年或每隔 18 个月发布这些产品，那么你打算如何向用户提供这一系列应用程序呢？"我们计划通过几种技术来做到这一点。

第一种技术是提高研发效率，也就是我们所谓的"核心引擎"。以 Excel 为例：我们把 Excel 的核心元素提取出来，这些元素在任何平台上都是一样的，而且只用编写一次程序。有人负责编写电子表格的重算程序，有人负责解决电子表格的数据结构程序。所有这些程序都是用高级语言编写的，可以非常迅速地移植到任何平台上。然后，我们为产品打造适合平台的独有特性，而这就是用户界面唯一的特性；或者在某些情况下，有些平台没有其他平台的所有功能，我们就要模拟这些功能或者不把它们作为产品的特性。特性一般占比 20%，而 Excel 的案例中，特性占 18.5%，共性占 81.5%。

过去，我们要花费 300% 的精力才能做现在的事情，而如今只需 140% 的精力就能达到效果。所以，我们其实不是在编写 21 个图形应用程序，而只是在编写 70%~80% 以及 20%~21%

的内容。

第二种技术就是确保每个应用程序都能实现动态数据交换。在苹果电脑上，这显得较为困难一些，因为苹果操作系统无法实现进程间通信。但是在很多情况下，我们尝试在应用程序中模拟动态数据交换过程，并在某种程度上使用 MultiFinder，甚至是跨应用程序。不过，我们希望这些应用程序能以一种对用户透明的方式分享信息。

第三种技术是可编程性。我们想确保所有应用程序都具有可编程性，它们不仅要具有可编程性，而且就像用户界面具有一致性那样，我们还希望可编程性也是前后一致的。这样，应用程序就具备相同的语法、相同的语言，可以借助任何宏语言做相同类型的事情，和其他产品一模一样。也就是说，当一个人学习如何用 Excel 编写宏并从微软这里获得一款文字处理软件或数据库时，他们就会知道编程的基本原理，甚至可能完全学会编程。

另外，还有一点同样重要，就是可用性。可用性是一项非常重要的课题。我们改变了人们在学习产品过程中应该使用的学习模式，而随着时间的推移，你们将会发现为什么我们的产品能够帮助人们通过电脑培训课程获得第一次学习经验。首先，在系统的引导下，用户将学习如何使用该系统；其次，上下文辅助系统能够提供多级别辅助，而第三级别就是返回培训课程。因此，你们可以得到一项摘要辅助、一项细节辅助。如果你们仍然搞不懂怎么做，那就返回上一级别，学习培训课程。也就是说，产品附带的纸质文件性质发生了改变。它们不再是操作手册，而是参考手册。当你们想做一些非比寻常或非常特别的事情，又或者想获得非常详细的信息时，就可以使用这些手册。所以，我们重新编制了这些手册，把它们变成一种百科全书式的资料。这有点像学习和使用产品的过程，当你想学习一些特别的、与众不同或更有深度的知识时，通常会去图书馆查阅《世界百科全书》。如果你想研究打印机，就会查找"P"字开头的词条；而如果你想研究安装程序，那就会查找"S"开头的词条，以此类推。

我们还向所有系统添加了第三个功能，即让用户能够创建适合应用程序或用户需求的界面，这有点像一款灵活度更大的软件。

另外有一点同样重要：我们正在做一些技术工作，研究人们如何学习以及如何使用现有科技。如果你对人们学习的东西和使用系统的方式做过研究，就会发现一件事：在拿到产品的最初三四天里，你学到的东西往往是别人从始至终了解到的知识。他们去上课，学习如何做一些事情。从那时起，他们就一直使用这套工具。使用同一套工具做事情往往是很难的，但他们也只知道这套工具。

有些人很有好奇心，他们会用不同的方法去做事情。他们路过办公室走廊，看到同事正在做某件事，便问他们："咦？这真好玩，你是怎么做到的？"于是他们就学会了做另一件事。有时候，你知道你的产品可以插入图表，但你不敢确定，于是打电话给当地的权威人物，问他："乔，我该怎么弄？"在此过程中，你每次都能学到一点产品使用方法。

因此，随着能力的增长，我们开始了一个项目。该项目起初是针对低端家庭用户的，但它肯定也适用于商业。我们要收集一系列信息，将计算机辅助人们学习产品的方法做成模型，通过帮助用户增长知识而扩大用户群。请让我给你们设想一个场景：你们正在使用一张电子表格，想在表格中添加三列数据；然后，输入等号、和、左括号、把要添加列的范围标示出来、右括号，那一列的公式便创建好了。接下来，用户转向第二列，执行完全相同的步骤，创建第二列数据的求和公式。然后再转向第三列，执行同样步骤。电脑屏幕上弹出一张小脸，它对用户说：“乔，你知道复制指令吗？如果能在表格之间执行同样的步骤，那会对你很有帮助的。所以，如果你给我几分钟时间，我会教你如何使用复制功能，这样你就能节省一些时间。”

所以，借助人工智能，借助视频和声音，这个系统变成了导师。它像导师那样坐在你身后，观察你在做什么，帮助你把事情做得更好。它会在你需要系统的高级功能时教你使用它们，而不是把这当作一项智力训练。在战略时期，我们就会这样做，用户从我们这里买的产品便具备这种功能。

现在，让我来汇总一下，谈谈我们是如何打造符合用户需求的产品的。当然，这方面的内容我们聊了很多，我们还会向大家展示很多关于个体生产力的东西。在工作组支持程序方面，我们已经大致概述了这方面内容。我们认为，应用程序部门对工作组支持程序所做的两件重要事情包括：首先，修改所有个体生产力应用程序，使其具备可供群体使用的功能；其次，将个体生产力应用程序与邮件系统捆绑在一起，该邮件系统可能是一种包含大量其他类似活动的分布式系统。

最后但同样重要的一点：企业运营。我们不打算进入该领域，工资支付程序、化学分析程序或者垂直应用程序不是我们的研发方向。

我们认为，以下两件事是我们想要参与的：第一，向用户提供编写程序的工具，包括计算机编译程序、面向对象的编译器等；第二，使用户具备一系列能力，懂得使用宏等编程语言。我们将向你们展示部分程序，以便高级用户可以自己编写程序。

这一切意味着用户可以更快、更高效地完成任务，并有更好的沟通能力。所有这些都是以生产力作为衡量标准的，用户无须太多培训和技术支持就可以做到这点，从而减少相关成本。我们认为，这对我们行业和微软公司都是件好事。也许有一天，我们的增长速度会放缓，但未来仍有很大的增长空间。我认为，微软的行业地位是独一无二的，因为我们对这个行业的未来有着独到眼光，而且我们致力于利用现有资源来解决所有的问题。微软已经推出了控制程序、通信软件、数据库和应用程序。这不是说微软能解决用户的所有问题，我们当然无法解决用户的主机问题以及用户与主机之间的通信等问题，但我们正努力使个人电脑成为企业处理所有信息的平台和前端。